Glänzender Asphalt

Glänzender Asphalt

Eine Stadtrundfahrt durch Groß-Berlin

1920

1933

Herausgegeben von
Erhard Schütz

Mit Illustrationen von
Paul Simmel

B&S
SIEBENHAAR VERLAG

1. Auflage 2020

Gestaltung und Satz: B&S SIEBENHAAR VERLAG + MEDIEN | mms
Umschlaggestaltung: VISULABOR® Berlin / Leipzig
Druck und Bindung: Druckhaus Köthen

Printed in Germany
ISBN 978-3-943132-13-7

www.siebenhaar-verlag.de

Inhalt

1. Aufbruch – Ankunft

2. Liebes- und andere Erklärungen

3. Querdurch – Mittenmang

4. … bei der Arbeit

5. … und zum Vergnügen

6. Abgesang

Nachwort 179

In der Untergrundbahn: „Ach, dürft' ich Sie bitten, Ihre Hutnadel aus meinem Ohr zu ziehen!"

1.

Aufbruch – Ankunft

YVAN GOLL

Sintflut und Revolution

[...]

Es war ein November der Sintflut und der Revolution. Ein Stahlregen spritzte waagerecht über die Straße und die Seidenschirme der schönen Frauen hatten ausgedient. Kugeln zerschlugen die Rosen, die die Schönen über der linken Brust trugen, und wortlos legten sie sich auf der Stelle nieder, wie auf Geheiß eines unsichtbaren Liebhabers.

Der Bezirk um den Potsdamer Platz war fast ebenso gefährlich wie die Front in der Champagne. Grauer Himmel lastete auf der Stadt wie ein bleierner Sargdeckel. Doch blau-weiße Matrosen aus Kiel belebten das Todesgrau und heiterten es auf. Rote Soldaten schwenkten ihre Standarten der aufblitzenden Dämmerung mit den eckigen Gesten expressionistischer Gemälde.

Derweil gab sich die Stadt alle Mühe, die Revolution nicht zur Kenntnis zu nehmen. Seit langen Tagen fanden Scharmützel irgendwo in einer der Straßenecken statt: ein kurzes, hackendes Knacken, die Aufschreie verletzter Menschen. Die Menge floß nach rechts, nach links, sickerte in die Korridore. Dann plötzlich kam alles wieder in seine Ordnung, und langsam setzten die Straßenbahnen ihre Fahrt fort, bahnten sich, wie Schnecken nach einem Regenschauer, einen Weg durch erstarrte Leichname und zerborstene Spazierstöcke.

Odemar Müller kam von der Front. Der Zug der Besiegten

hatte ihn hier zurückgelassen, nach einem schmerzvollen Weg quer durch das von Angst und Not starre Land. Er war nach Berlin gekommen, zum fiebernden Kopf dieses großen kranken Leibes, Deutschland war jetzt ausgehungert und mit Pusteln bedeckt, nach vier heldenhaften Jahren, vier Jahren der Verzweiflung, während derer ein großes Volk Europas im Zenit seiner Zivilisation armseliger als ein Stamm in der Steinzeit gelebt hatte. Man hatte sich von Rüben ernährt, mit Blattwerk gekleidet, da war nichts, womit man sich hätte wärmen können, man war abgeschnitten von der Außenwelt. Oh, willkommen die Revolution! Vielleicht würde man freier atmen, freier sehen! Klarheit, was es auch koste! Rot mußte her, Rot nach all diesen grauen Jahren! Sich in den Straßen die Lungen blähen, nachdem man am Erdboden liegend Schlamm gerochen hatte.

Zu Tausenden ergossen sich entwaffnete Soldaten und Offiziere in die Straßen von Berlin. Auf einen Befehl, der von irgendwo gekommen war – den letzten Befehl für lange Zeit – hatten sie die schwarz-weiß-roten Kokarden von ihren Mützen und die Schulterstücke von ihren Mänteln gerissen. Ohne Rang noch Unterschied vollzogen die geschlagenen Helden ihren Rückzug ins Vaterland. Kein Grund zur Trauer! Wind von Osten, der Wind der Freiheit umspielte ihre brennenden Schläfen.

[...]

GEORG HERMANN

Was? Revolution?!

[…]

Was? Revolution?! Alles schon beinahe zu Ende. Ach, das ist ja famos. Das ist ja prachtvoll!! Denke, Sie haben doch noch gestern dem Gummischweinchen gesagt: Berlin wäre fest in den Händen der Regierung. Haben Sie Däumling wieder freigelassen? Und das Büro der U. S. P. D. wieder geräumt? Scheint ein gleichmäßiges Vorgehen vorzuliegen, sagen Sie?! Naja, meinen Sie etwa nicht?! Fahnenflüchtige Elemente haben schon gestern die Truppen zu verseuchen gesucht im Sinne der U. S. P. D. Sie merken auch alles, Guido Schneider! Also, die Vertrauensleute der Arbeiter sind nicht mehr zu einem Wohlfahrtsausschuß zusammengetreten, wie es der ‚Vorwärts' so kühn verkündet hat. Und mit dem Waffenstillstand werden auch die Hemmungen in der Kaiserfrage beseitigt werden. Den Jungens ist wohl mit einmal die Sache übern Kopf gewachsen, und nun wissen se nicht, wie sie plötzlich zu der Courage kommen, die Scheidemänner, die die andern gehabt haben. Aber sie werden sich schon an die Spitze stellen. Das tun se immer. Es ist ein glänzender, fast unblutiger Sieg?! Viel weniger Schießerei wie in Hamburg oder Hannover war?! In der Alexanderkaserne haben die Soldaten den Arbeitern von Schwarzkopf gleich als allererstes die Gewehre aus den Fenstern geworfen als Zeichen, daß sie sich ergeben. Nur bei den Maikäfern haben sie einen

Offizier, der sich zur Wehr setzte, erschlagen; und ein Arbeiter ist tot und einer schwer verletzt. Generalstreik? Stillegung aller Betriebe. Wells hat eine Ansprache an das Alexander-Regiment gehalten ... haben die Waffen ohne einen Schuß ... ganz allein reingegangen ... sehr mutig!!

[...]

CHRISTA WINSLOE

Verrücktes Geld

Meine Begegnung mit der Inflation

„B.Z. am Mittag“ ... Berliner Zeitung am Mittag. Das ist die meistgelesenste Boulevardzeitung in Berlin. Sie erscheint pünktlich um 12 Uhr, wenn man die Büros verläßt, wenn die Untergrundbahnen voll sind, wenn man sich in Restaurants und zu Hause zum Mittagstisch setzt und zehn Minuten Zeit hat, eine Zeitung zu lesen. Jungens rennen damit durch alle Straßen und rufen: „B.Z. Bee Zett ... Bee Zett ... Bee Zett ...“

Heute riefen sie außer „Bee Zett!“ noch dazu: „Der Dollar ist auf zehn Mark gestiegen!“

Ich kam müde von der Arbeit aus dem Atelier. Was ... was sagten die Ausrufer? Ich hatte nicht recht verstanden. Der Dollar zehn Mark? Der Dollar war vier Mark und fünfzig wert ... ja ... ich erinnerte mich ... jetzt wohl doch nicht mehr ... nein, die Mark war ja doch schon sehr entwertet ... aber was machte das aus ... schließlich ... was ging uns denn der Dollar an, das konnte doch uns egal sein ... wir brauchten doch keine Dollars ... warum regen sich die Leute denn da so auf? Überall stehen sie herum und reißen sich gegenseitig die Zeitungen aus der Hand ... Ich fahre doch gar nicht nach Amerika ... ich will auch keine Pfunde kaufen und Dollars noch viel weniger ... Das ist doch nur eine Angelegenheit für Geldmenschen, die diese merkwürdigen Geschäfte machen ... Geld kaufen und solche unverständlichen Sachen ... für die kann ja diese Nachricht sehr interessant sein, aber mich gehen Börsennachrichten doch nichts an. Ich habe mein Lebtag über die Käuze, die die Zeitung von hinten aufblättern, um die Börsennachrichten zuerst zu lesen, gelacht ... sie kamen mir vor wie seltene Tiere, die eine dunkle, unverständliche Tätigkeit haben ... fremde Wesen. Die mochten sich über den Dollar aufregen, ich habe dazu keine Zeit ... ich muß ein neues Modell suchen und heute Nachmittag in den Zoologischen Garten gehen und mir den neuen Schimpansen ansehen, der gestern angekommen ist ... das war auch so eine Art Friedensengel, dieser Schimpanse ... denn während des Krieges waren unsre ausländischen Tiere aus Mangel an Futter und Heizung zum größten Teil eingegangen ... und nun hatte sich uns der Urwald wieder erschlossen ...

„Bee ... Zett ... Bee ... Zett ..."

„Gnädige Frau, Sie müssen sich Papiere kaufen", sagte der mir befreundete Herr in der Halle beim schwarzen Kaffee.

„Was muß ich?"

„Ja, sagen Sie mal, in was für einer Welt leben Sie denn eigentlich, wissen Sie denn nicht, daß Ihr Geld auf der Bank nur noch die Hälfte wert ist, daß es mit jeder Minute weniger wird?"

Es war, als hätte man mir einen Faustschlag in die Magengegend versetzt. Mir wurde in dem Augenblick einfach übel. Der Boy überbrachte mir überflüssigerweise in demselben Augenblick einen Brief der Direktion des Hotels, der mir mitteilte, daß mein Zimmer das Doppelte kostet wie gestern.

Ohne ein Wort blickte ich auf. Ich sah um mich, als erwartete ich, daß die Stühle der Hotelhalle versinken würden. Aber ich sah in den tiefen Fauteuils Menschen sitzen mit besorgten Gesichtern.

Aber ... ich wollte sagen ... das geht doch nicht ... das kann es doch gar nicht geben ... wieso? warum? Ich wußte nur das eine, daß ich mit meinem Geld die nächsten Monate auszukommen hatte und auf gar keinen Fall mehr von zu Hause bekommen konnte. Mein Vis à vis sah mich besorgt an.

„Das ist Inflation, gnädige Frau ..."

„Inflation" ... ja, so ein Börsenwort ... so ein Wort wie „Brief", Lombardieren und dergleichen. Worte, die nicht in mein Vocabulaire gehörten. Gut, Inflation ... aber ...

„Wenn Sie wollen, will ich Ihnen behilflich sein ... Sie können durch meine Bank schnell Papiere kaufen ... ich rate Ihnen zu Siemens oder Ilse, schlesische Kohle steht gut, auch Brauereiaktien sind nicht schlecht, nehmen Sie Mannesmann, und eigentlich könnten Sie ruhig ein wenig Reichsbank dazu nehmen, das wird alles steigen ... eventuell Skoda. Oder wenn Sie das alles nicht für sicher halten, kaufen Sie einfach Dollars und legen Sie die in ihre Schublade ..."

Armut über Nacht

Wenn man einem Urwaldbewohner gesagt hätte, er solle Beethoven spielen, so hätte er nicht erstaunter oder hilfloser sein können wie ich. Eines war klar ... Wenn mein Zimmer das Doppelte kostete und mein Geld nur noch die Hälfte wert war, so mußte ich sofort ausziehen und etwas billigeres suchen.

[...]

Die Geldausgebewut

[...]

Bee ... Zett ... Bee Zett ...

Der Dollar steht auf 10.000 Mark ...

Jetzt wurde man wahnsinnig ... die Geschäfte wurden gestürmt, denn jeder, der eben Gehalt oder Honorar ausgezahlt bekam, setze es in Ware um. Die Läden verloren den Verstand ... sie konnten sich die Preissteigerungen nicht mehr errechnen. Alle zehn Minuten wurde die Ware teurer und war trotzdem nicht mehr zu dem Preis zu ersetzen. Es entstand ein furchtbarer Kampf zwischen Kunden und Verkäufern ... so hoch der Preis auch war, der Verkäufer mußte verlieren. Man hatte dicke Taschen voll Geld, die Reichsbank druckte Tag und Nacht und kam dem Geldbedarf nicht nach. Waschkörbe voll Geld wurden alle Minute abgeliefert an die Banken. Jeder Staat druckte eigene Noten, eigenes Geld. Die Städte halfen sich mit „Notgeld", wenn man so etwas in die Hand bekam, so konnte man es ruhig wegwerfen, denn diese Scheine galten nur da, wo sie gedruckt waren.

Es entstand ein unbeschreiblicher Wirrwarr. Alles sprach von Geld. Alles rechnete, alles spekulierte.

Die Kinder in der Schule, die Bettler auf der Straße ... ich kannte eine alte Bettlerin, die im Besitz eines Dollars war, aber sich keine Zeitung leisten konnte, sie frug mich jeden Morgen, wie der Dollar stand. Die Kellnerin vergaß, mir die Suppe zu servieren, weil sie über meine Schulter hinweg mit mir die Börsennachrichten las ... sie riet mir sehr zu Mannesmann ... meinte aber, wenn ich heute noch Löwenbräu kaufte ...

Bei Schneidern und in größeren Geschäften hatte man das Rennen aufgegeben und forderte einfach Dollar. Ein Mantel ... 100 Dollar, fertig. Ein Kleid, 50 Dollar. So, nun hatten sie ihre Ruh. Laß doch die Mark krepieren ... wir nehmen einfach nur noch Dollar.

Auf einem Papiersee treibend

Das war schrecklich. Denn nun war die Mark eigentlich doch tot. Arme, gute, kleine, runde, silberne Mark ... weg und tot. Halbtot war sie für mich schon längst, als sie als Papier erschien und das Silber eingezogen wurde.

Aber andre kämpften noch mit dem nichtssagenden Papier herum.

„Bee Zett ... eine Million für einen Dollar ..."

Ich wohnte jetzt in einer kleinen Pension im Westen Berlins. Ich hatte das luxuriöse Centrum verlassen. Ich war in die Nähe meines Ateliers gezogen, um die Trambahn zu sparen ... denn die riesigen Börsengewinne, die ich täglich machte, hielten nicht Schritt mit ... dem Dollar.

Weiter kaufte man wie rasend und niemand wollte verkaufen. Schriftsteller verkauften ihre Romane mit 60.000 Wörtern für drei Dollar, Bilder und Plastiken wurden von Ausländern gekauft für 6 oder 8 Millionen Mark ... in den Straßen fielen verhungernde Menschen um, die gut gekleidet waren. Die Morgue war voll von Selbstmördern. Die Stadt voll von Ausländern. Schweden, Holländer, Engländer gaben, wenn sie betrunken waren, eine Million Trinkgeld ... Russen, Emigranten machten Nachtlokale auf, für andere Russen, die mit Geld aus Rußland kamen ... die Fürsten spielten als Zigeuner verkleidet für die Kommunisten aus Rußland, die ihr Geld zu Hause nicht zeigen durften und hier in Berlin das gute Leben genossen, das ihnen zu Hause versagt war.

Sogar das Sovietgeld hatte sich hoch über die deutsche Mark erhoben ...

Nachtlokale schossen wie Pilze aus dem Boden. Handel mit Cocain, Opium und Morphium blühte: vergessen, betäuben, das wollte man.

MAX BARTHEL

Ankunft Friedrichstraße

[...] Am Abend verließ sie die kleine Stadt. Dem Vater hatte sie einen Brief hinterlassen, einen verzweifelten Brief, der sein Herz rühren sollte.

Sie fuhr durch den dunklen Abend, sie reiste durch die lange Nacht, sie kam durch den aufblühenden Morgen und durch viele Dörfer und Städte. Deutschland war ein schönes Land und war auch dann noch schön, als sich keine Berge mehr erhoben. Berlin, Berlin, hämmerten die Räder der Eisenbahn auf den blanken Schienen. Sie wußte wenig von der Stadt. Sie wußte nur, daß in der Friedrichstraße die großen Filmgesellschaften saßen und Ruhm und Reichtum verteilten. Sie wußte, es gab dort Cafés, in denen Arbeit vergeben wurde. Sie kannte die Geschichte des polnischen Fräuleins Chalupez, das unter dem Namen Pola Negri weltberühmt war, und die Pola Negri kam auch einmal arm und hilflos in die Stadt Berlin und leuchtete jetzt über der Welt wie ein großes Feuer. Daher dachte Marianne an den Vater. Der Vater würde ihr verzeihen. Ja, einmal würde er stolz auf seine Tochter sein.

Hinter Nürnberg hatte sich ihr ein Mitreisender genähert, ein älterer Herr mit leblosem Gesicht, in dem die Augen unruhig wanderten. Er stellte sich als Aribert Hondt vor und war Theateragent, der sich auf Anfängerinnen spezialisierte und sie obskuren Bühnen ebensogern zuführte, wie reichen

Lebemännern. Herr Hondt befragte das Mädchen nach ihrem Reiseziel, und sie erzählte von einem Besuch in Berlin. Dann kam die Rede auf das Theater. Marianne begann zu schwärmen. Hondt fuhr nach Leipzig und berichtete von großen Namen, die er berühmt gemacht habe.

„Kleines Fräulein," sagte er zum Abschied, „hier ist meine Karte. Wenn Sie in Berlin länger bleiben, besuchen Sie mich bitte, ich könnte Ihnen Engagement an der Bühne verschaffen. Mit Kußhand. Die Dorsch habe ich entdeckt und auch die Frigga Brodt, der Reinhardt ist ein alter Bekannter von mir. Sie haben ganz die Figur, die man braucht, und auch das Gesicht ist nicht übel. Das Theater ist eine große Sache. Haben Sie Lust zur Bühne?"

„Ach," sagte sie, „ich habe auch schon einmal eine kleine Rolle gespielt. Meine Freundin Flora ist Schauspielerin. Ich habe schon Lust, aber noch mehr zum Film."

„Zum Film ist allemal noch Zeit, Fräulein," sagte er, „aber auch da könnte ich dienen. Der Direktor der Filmschule ist mein guter Freund. Aber wie steht es mit dem da?" Er machte die Geste des Geldzählens, und als er das erschreckte Gesicht des Mädchens sah, lachte er und fuhr fort: „Na ja, umsonst ist der Tod, Pinkus muß zwitschern, aber wenn ein schönes Mädchen zwitschert, ist das allemal noch viel mehr wert als Pinkus."

Marianne wußte nicht, was Pinkus war, aber sie lächelte und versprach, Herrn Aribert Hondt in Berlin aufzusuchen, wenn die Schwester nichts gegen die Bühne oder den Film einzuwenden hätte. Und für die Filmschule interessiere sie sich sehr. Der Mann mit den unruhigen Augen tätschelte ihr, als der Zug in die mächtige Halle des Leipziger Hauptbahnhofes einfuhr, gelinde ihre schönen Hände, er zog seinen Künstlerhut, nahm den kleinen Lederkoffer, auf dem die bunten Marken ausländischer Hotels leuchteten, und grüßte ergeben, als er das Abteil verließ.

[...]

Die Elbe war überquert. Dann kamen Wälder und Heiden, kleine Dörfer, grüne blühende Wiesen und wogende Felder. Zwei, drei Städte reckten sich aus der Landschaft, blieben zurück und bald zeigte Berlin seine ersten Siedlungen. Villen leuchteten, Wohnlauben und Gärten verdeckten den Sand. Dann kam die versteinerte Wucht der Vorstädte. Wie die großen, stählernen Nervenbündel der Weltstadt liefen die vielen blanken Gleise der Strecke neben dem Zug. Bald klirrten elektrische Schnellbahnen auf hochgestellten Anlagen vorbei. Ein Gasometer blähte sich. Fabriken qualmten. Von den schwarzen Wetterwänden hoher Häuser knallte Reklame. Kanäle wurden wie im Anlauf übersprungen. Ein Hafen öffnete seine Becken. Dann kam die Dunkelheit. Marianne fuhr in die schwarze Halle des Anhalter Bahnhofs ein und trieb im Strom der Reisenden durch die Sperre.

Sie war nun in Berlin.

[...]

Aus der Erde, aus den Bahnhöfen der Untergrundbahn quollen die Menschen in den frühen Abend, Männer und Frauen, Mädchen und Jünglinge. Ueber den blankgescheuerten Asphalt sausten die Autos. Die Ampeln an den Straßenkreuzungen flammten gelb, grün und rot auf und regelten den Verkehr. Durch die Leipziger Straße klapperten die gelben Straßenbahnen, rollten die Autos, schwankten wie riesige Büffel die großen Autobusse. Ja, es war auch Frühling in der Stadt. Irgendwie wehte in den heißen Dünsten Erinnerung an kühle Meere, tiefe Wälder und blühende Wiesen, aber es war ein phantastischer Frühling, in dem über alle Erinnerungen die Technik allein triumphierte. Marianne war wie erschlagen. Zu Hause hatte sie einmal einen Film gesehen, der das Leben und Treiben einer amerikanischen Großstadt zeigte, aber die Lichtbilder waren ja stumm und geisterhaft gewesen, Schatten einer fernen Welt, aber nun war die Welt da, die Schatten gegenständlich, mit den Händen zu greifen, brüllend und gefährlich.

[...]

RUTH LANDSHOFF-YORCK

Moderne Legende

Und es geschah, daß ein junges Mädchen aus der Provinz an Berlin glaubte. Da entlief sie, kaum mit der Schule fertig, ihren Eltern, deren anfängliches Jammern und Schreien sie in blühende Hoffnung wandte, und fuhr nach des Reiches Hauptstadt. Um ihr Glück zu machen. Sie hieß an und für sich nur Gretlein, weil sie aber gehört hatte, daß die meisten der von ihr als Vorbild genommenen Frauen auf nur englische Namen hörten, verwechselte sie das mit der Ursache ihrer Karrieren und glaubte, es genüge für einen guten Anfang, etwa Ethel zu sein. Auch kannte sie niemanden, der ihr hätte sagen können, daß die Gretleins in Berlin anfangen rar und gesucht zu werden, ebenso wie die langen Haare. Sie trug die ihren in der Art einer berühmten Diva, die sie im Film zu sehen Gelegenheit gehabt hatte, und glaubte, daß sie zu kopieren schon ein fabelhafter Einfall sei. So also, mit Dauerwellen, die noch aus Oschatz in Sachsen stammten, kam sie in Berlin an und es lag an nichts anderem, als an ihrer rührenden Unkenntnis alles Bösen, daß es ihr hier nicht schlimm erging.

Der Anfang einer lang erträumten Karriere war, daß sie sich nicht aus dem Hause traute. Einen ganzen Monat lang saß sie in ihrem kleinen Zimmerchen und horchte aufs höchste erschreckt auf die beängstigenden Geräusche der viel zu großen Stadt und kämmte ihre Locken vor dem Spiegel. So traf sie einmal der Sohn ihrer Wirtin, der ihr drei Butterstullen hineintrug, ihr tägliches Abendbrot, und der sie hübsch fand. Er lud sie ein, mit ihm in den Lunapark zu fahren und, obwohl sie dort hingerissen und überglücklich war, hielt sie es doch für unter ihrer Würde, das zu wiederholen. Das war nichts für sie, fand sie, ein junger Bursche, der mit einer Dame von Zukunft ausgehen durfte, und dann statt einer Weste einen Sweater trug, den sie seine Mutter hatte stricken sehen, gar nicht zu reden davon, daß er es abschlagen mußte, ein viertesmal mit ihr Berg- und Talbahn zu fahren, weil sein Geld sonst nicht zum Heimfahren gereicht hätte.

Danach traf sie eine Bekannte auf der Straße, als sie sich endlich einmal entschlossen hatte, auszugehen, um ein Krägelchen zu kaufen. Es ist auffallend, was für einen Aufwand von weißen Krägelchen Mädchen von der Gretlein Ethel Art haben. Besagte Bekannte stammte ursprünglich auch aus Oschatz, aber das schien ihr so lange her, und allmählich so unzutreffend, daß sie jetzt aus einem zerfallenen Schloß in der Ukraine kam, was sie durch eine sonderbar fremdartige Färbung ihrer Redeweise unterstrich. Sie tröstete Ethel, deren Namen sie ausgezeichnet fand, als sie sah, daß nach dem Kauf des Krägelchens nur noch 79 Pfennig übrig waren, und beschloß, etwas für sie zu tun. Für einen auch nur im geringsten ausländischen Dialekt erwies sich die Kleine als bedauerlicherweise völlig unbegabt, also bekam sie eine Adresse. So eine Adresse, wie sie alle jungen Mädchen ohne Ressourcen neidlos miteinander austauschen: die eines Herrn mit Beziehungen. Gretlein bedankte sich, ging heim, heftete das neue Krägelchen auf ihr altes Kleid, betrachtete sich längere Zeit im Spiegel, malte Mündchen und Augenbrauen und machte sich auf den Weg. Sie benützte den Omnibus Linie 12, und es ist festzustellen, daß dieses das letztemal war, daß sie ein derartiges billiges öffentliches Vehikel benutzte. Obwohl sie, wie ich vorwegnehmen muß, kein Filmstar wurde, wie sie sich gewünscht hatte.

Gretlein hatte nicht im Traume daran gedacht, daß der Herr mit den Beziehungen zärtlich werden würde, und machte, als er sofort damit anfing, ein so süßes, grenzenlos erstauntes Gesicht, daß der Herr erschrocken und verwundert ihr sofort die Adresse eines andern Herrn gab, der beim Film etwas zu sagen hatte. Und weil er sie nebenbei bezaubernd fand, schenkte er ihr Geld für ein Taxi.

Danach bewies Gretlein, daß sie wirklich Talent hatte zum Arrivieren. Sie benutzte das Geld nicht, wie es viele Mädchen in ihrer Lage getan hätten, um ihre rückständige Miete zu bezahlen, sondern fuhr wirklich am nächsten Tag in einem Taxi zu den entfernten Ateliers. Der Herr, für den sie die Empfehlung hatte, war zwar importagt und mächtig, aber dafür fand er nichts so langweilig, wie alles, was mit Film zu tun hatte. Da er dick, kränklich und schwarzhaarig war, gefiel ihm das gesunde, blonde, schlanke Mädchen privat recht gut, und als sie ihm in ihrem komischen Dialekt ihren Wunsch, zu tonfilmen, mitteilte, mußte er herzlich lachen. Dazu hatte er selten Gelegenheit und aus Dankbarkeit nahm er sie noch am selben Abend mit aus. Erst zum Essen, wo er ihre Weigerung, Krebse zu essen, erst verwöhnt und ärgerlich fand, bis sie ihm freimütig mitteilte, sie habe Angst, von den Tieren gekniffen zu werden; und danach in ein unerhört feines Hotel, wo schwere Weine getrunken wurden, wo man tanzen konnte und wo es nicht auffiel, daß man schwieg, wenn man sich nichts zu sagen hatte, weil die meisten Anwesenden sich auch nichts zu sagen hatten. Gretlein nahm das alles gelassen hin, benahm sich ruhig und sicher und war niemals überrascht, denn so und nicht anders hatte sie sich „Ausgehen" vorgestellt. Damit, daß der Herr, mit dem sie saß und feine Sachen verzehrte und trank, absurd häßlich war, versöhnte sie nicht etwa seine ungewöhnliche Intelligenz, mit der sie nichts anzufangen wußte, wohl aber die große graue Perle, die er in seiner Hemdbrust trug.

Den Namen Ethel kann man auch führen, wenn man nicht filmt. Es genügt, ein Auto zu haben und einen Chauffeur, eine Wohnung, zu der man nicht allein den Schlüssel hat, und ein süßes Gesicht. Ethel war sehr glücklich und auch die Familie in Oschatz freute sich, als sie eines Tages ein Bild von ihrem Gretlein in einer illustrierten Zeitung fand. Bei Bildern in Zeitungen erwies sich der Dialekt nicht störend. Darunter stand: „Die bezaubernde Frau Ethel*** mit ihrem neuesten Hermelinmantel." Der kleinste Bruder fragte schüchtern: „Was bedeuten denn die drei Sterne hinter Gretleins neuem Namen?" Er solle sich etwas schämen, bedeutete ihm der Vater, das nicht zu wissen: „Ja, hast du denn nie einen Baedeker gelesen, ungebildeter Bursche? Drei Sterne bedeuten etwas ganz Besonderes, Gretlein ist eben in ihrer Art erstklassig."

Er: „Wenn ich einen Walzer tanze, bin ich auf einer anderen Welt!"

Sie: „Die kann aber nicht weit sein, denn Sie treten mir von da aus immer noch auf die Füße!"

2.

Liebes- und andere Erklärungen

WILHELM SPEYER

Demokratischer Großstadtfrohsinn

[...]

In jener Epoche begann Berlin ein Gesicht zu zeigen, das Liebe erweckte. Die ehemals verschämte Zuneigung des Bewohners zu seiner Stadt und das schlechte Gewissen dieser Zuneigung waren einem offenen, fast leidenschaftlichen Bekenntnisse gewichen. Der Pariser hatte aus dem antiken Athen die weihevolle Empfindung für eine Ecke, einen Kandelaber, eine Brücke übernommen, an denen nichts Bemerkenswertes, nichts Heiliges zu spüren gewesen war, als eben diese Empfindung ihrer Weihe. Es war nicht einmal nötig, daß eine große Erinnerung waltete, es bedurfte nicht eines vom Mordstahl niedergesunkenen Henris, nicht der über das Pflaster hingerollten Menschenköpfe noch des aufgetürmten Hausgerätes als Brustwehr einer neuen, glühenden Freiheit – ohne dies waltete das Gefühl von etwas ahnungsvoll Bedeutendem; aus eigener Machtvollkommenheit, ganz durch sich selber waren aus leeren Orten seelenerfüllte Stätten geworden.

Etwas Aehnliches zeigte sich nun auch in Berlin. Die friedhofartig stille Bucht am Landwehrkanal, vor dem Klub in der Von-der-Heydt-Straße, der ehemaligen Gesandtschaft Chinas, das südlich in die freie Luft gestellte Leben des Kurfürstendamm-Boulevards, die Kandelaber der Linden, die Auffahrt vor dem Hotel Esplanade, das in den Asphalt eingefügte Flammenmal an der Hitzig-, Ecke Tiergartenstraße, die immer schöner werdende Umgebung Berlins mit den neuentdeckten Flußläufen, Kanälen, Seen, jüngst geschaffenen Siedlungen und Sportplätzen – dergleichen Orte werden fortan dem Deutschen bemerkenswert und teuer sein, werden selbst in dem Bewohner unserer stumpfsten und störrischsten Provinzen ein ehrerbietiges Verlangen nach seiner Hauptstadt erwecken und als beständige Reize in die schöne Literatur übergehen.

Auch zeigten sich jetzt die ersten Ansätze zu einem demokratischen Großstadt-Frohsinn. In den Gliedern dieser einst so ungelenken Stadt voll protestantischer Staats- und Militärphilosophie zuckte ein anglimmendes Feuer. Ein Wille zum Leichtsein, zumal in den Frühlings- und Sommermonaten, begann dem Leib der Metropole die ersten, nicht mehr ganz unbeholfenen Bewegungen mitzuteilen. Sogar die Polizeibeamten hatten gelernt, zuweilen zu lachen, wenn es Verwirrung gab. Sie brüllten nicht mehr mit gesträubten Schnurrbarthaaren auf umgestülpter Lippe. Es waren großgewachsene, mit den Gebärden ihrer deutenden Arme hochaufgereckte, disziplinierte und dennoch im alten Sinne unmilitärische Gestalten. Die froh und frei bewegte, täglich zunehmende Schönheit der Frauen und Kinder aller Stände stand außer Zweifel. So also zerstörte die große Stadt die Schönheit nicht, sondern sie erweckte sie, sie förderte sie und ließ sie strahlend gedeihen. In den Straßen wurde nicht mehr der sauere Bürger mit der allzu abgebürsteten Kleidung und der allzu gründlich gesteiften Wäsche sichtbar. Der

Kleidungssinn war weniger dramatisch, war demokratischer und daher eleganter geworden. Nichts hatte am Tage noch Geltung, was unbequem war und gegen den herrschenden Sportsgeist rebellierte. In dieser Hinsicht – und nicht nur in dieser allein – vollführt der Bewohner einer Millionenstadt seine neue Rückkehr zur Natur. Die Gewohnheiten seines Ferienlebens wünscht er ein wenig in die Stadt mit hinüberzunehmen, den gelösten Lebenszustand seines Wochenendes über den Arbeitstag hin auszubreiten. Freilich waren in keiner Epoche die politischen Gegensätze schärfer gewesen. Aber der Mensch lebt nicht von Politik allein, sondern auch von dem lebendigen Brote seiner humanen Instinkte, zu denen es ihn um so gewaltiger hinzieht, je mehr er durch die Katastrophen der Zeit ihrer entwöhnt worden ist. Die ersten, freilich noch allzu zarten Ansätze eines Bestrebens zur Eintracht, zu kameradschaftlicher Volksstadtgemeinschaft wurden in dieser Weltstadt erkennbar, ein ‚Trotzdem!' über den Grüften der Politik, die fortan nicht mehr von unten her mit ihrer Totenhand das Schicksal der Metropolis lenken durfte, sondern zu ihrer aus einem blühenden Leibe entstammenden, willig dienenden, heiter gehorchenden Tochter werden sollte.

[...]

GABRIELE TERGIT

Liebeserklärung an diese Stadt

Hochverehrte, sehr geliebte Stadt.
Gnädigste, wir wissen alle, daß Ihnen der Morgen steht, der Sommermorgen über den Parks, wenn gefegt wird und der Bimmelbolle Milch ausfährt durch die schlafende Stadt. Wir wissen alle, daß Ihnen der Mittag steht: Fluten der Autos, die Linden entlang aus der City, helle, lachende Herbstsonne über der Leipziger Straße, wenn, noch müde von Stoff- und Pelzwahl, zierlich Bebeinte, den Einser und Zweier, den Fünfer und Achter voll an sich vorüberfahren lassen müssen; liebste, gefällige Frau, nichts steht Ihnen aber dennoch so gut wie der Abend. Sie sind eine Nachtschönheit, erst dann wächst aus Lichterketten, aus Hell und Dunkel, aus blaugrünem Gezitter, aus rotem und grünem Geblitz das Geheimnis Ihres Wesens, das am Tage daliegt, klar und eindeutig aus Arbeit und Fraß gegliedert.

Wir hatten an dem Abend, von dem ich reden will, ein letztes Mal in Wannsee gesessen. Überm See sank die Sonne, hinter tausendfarbigen Wolken, sitzenden, lauernden, goldgeränderten Fabeltieren. Noch waren ein paar Lichter im See, noch war die Bucht voll von weißen, gespannten Segeln. Noch saßen wir unter Geranien im Freien. Der Sommer vergeht, aber Wannsee besteht. Reisen zu Gletschern und Meer und Wüste, alles vergeht, aber Wannsee besteht.

Dann fahren wir Ihnen entgegen, geliebte, unendlich geliebte Stadt. Durch den Wald blitzen die Lichter am Funkturm. In der Dunkelheit versanken Chaussee und Bäume und das Reklameschild voll Olex Strax und Shell und Minimax. Am Messegelände wirbelten ein paar Sekunden Inschrift und Hupen, Licht und Ton durcheinander. Lebewohl, Landschaft, Kiefer und rötlicher Himmel. Immer näher kam uns Ihr Brausen. Die Bogenlampen schnitten schimmernde Kreise in den gelblichen Himmel. Dicht umwallt standen die Wagen vom eigenen Dunst, von den Ausatmungen von Mensch und Tier, vom Rauch, der aus den Häusern steigt und sich niedersenkt, eine dicke Wolke, die fernher schon hellglühend über Ihnen liegt, sehr gewaltige Stadt.

In den Gaststätten um die Kaiser-Wilhelm-Gedächtniskirche saßen die Damen als bunte Modetupfer vor schönen Salaten und schmelzendem Fleisch, unter roten Lampen am weiß-damastenen Gedeck, Wintererwartung von Bällen und Festen und Theatern und Konzerten im Herzen; dafür sind Ihre Schaufenster voll Brokat und Schlangenschuhen und Juwelen, voll Daunenkissen und Bronzelampen und schönen Kommoden und Teppichen.

Gegen elf Uhr fuhren wir weiter in die Stadt, über den Spittelmarkt hinaus. Gingen an der Friedrichsgracht entlang. Gegen den hellen Himmel steht der Stadthausturm, Schiffe liegen in der Spree. Im kleinen Gäßchen leuchten die Ecklaternen. Aus dem Hotel zum alten Schiffe klingt Musik. Ein Paar drückt sich an das Haus, streitet sich. Die Frau hält dem Mann die Faust vors Gesicht, kreischt.

Da, wo die Geschäftshäuser aufhören und die endlosen

Reihen der Häuser voll Menschen beginnen, gingen wir gegen Mitternacht zum „Ball der älteren Jugend“, zu dem „Seelentröster“ mit dem goldenen Herzen. Gute, einfache Stadt Berlin! Einfache, temperamentlose, anständige Menschen, liebe Kleinbürger! Die Frau in geblumtem Voile, auch mal eine Kesse dazwischen in Schwarz ohne Aermel. In der Mitte steht der Verkehrsordner mit gezwirbeltem Wilhelmsbart, ein alter Wachtmeister, hält auf Reputierlichkeit. Es darf kein „Scharleston“ getanzt werden, auch Frauen dürfen nicht miteinander tanzen. „Wir wollen keine Erotik“, sagt er, und so tanzt man Rheinländer, Tyrolienne und Rundtänze. Jeder bekommt als Geschenk ein Monokel. „Vorüber ist der große Sturm.“ Alte Ideale. Der Seelentröster, der wahrhaftig ein goldenes Papierherz auf dem Frackhemd trägt, steht auf dem Musikpodium und gibt eine Schilderung des allgemeinen Liebeslebens, von dem Märzabend bis zur Ehescheidung, mit dazwischen gelegten Tanzmelodien und Tänzen: „Es war in Schöneberg im Monat Mai“, oder „Man steigt nach“, oder „Ich weiß Bescheid, – Du bist bereit, – mit mir noch heut – zum Standesamt zu gehen“. Welche Fürsorge, welche Hilfe für Minderbemittelte, welche Kleinstadtsittsamkeit!

Nebenan aber ist es durchaus nicht sittsam. Es ist ein Tanzlokal in Rosa mit livriertem Diener. Zwei Jazzbandkapellen, ein Bartisch mit Licht von unten, und viel Alkohol. Seltsame Mädchen. Eine, schwarzbestrumpft, den Hut tief im Genick, von Félicien Rops gezeichnet, eine andere mit einem minimalen Röckchen, aber ein blonder, kühner Kopf, ein Antinous-Gesicht über dem Sportkleidchen. Hier amüsiert sich mancher Prominente, taucht sozusagen ins Volk, verachtend den Westen. Dabei ist es gar nicht anders. Die Mädchen gute Kreaturen, schon zufrieden mit einem warmen Abendbrot. Eine ganz Junge, Erwartung im blankäugigen Gesicht. O süße Siebzehn. Hungrig nach Lebensfreude, Sehnsucht, leicht zu stillen mit Talmiglanz und Tanzmusik. Ein Tänzerpaar, das allzu wenig an hat für Charleston. Rosa Verruchtheit als leichter Schleier über bürgerlich gutmütigen Wünschen.

Zwei Uhr nachts war's, denk ich an die Stadt zurück, da saßen wir in einem Café im Osten; Sofas, so hohe Lehnen, daß es nicht möglich war, hinüber zu sehen. Pärchen Arme, heimlose Liebe, jetzt, wo es Herbst wird, wo der Sommer vorüber ist. Die Laube ist zu kalt, und an Spree und Havel friert man. Sorgen der Liebe vor dem Winter. Wir sitzen und erzählen. Kaffeehausgespräche, Erinnerungen. Damals, fünf Minuten von hier, saß im Hinterstübchen Eichhorn, draußen knatterten die Maschinengewehre, Matrosen, Zeitungsgründung, junges Wollen, Azetylenlampen und Geldsuche. „Vorüber ist der große Sturm, und wieder stille wird's daheime, Germania, das große Kind erfreut sich wieder seiner Weihnachtsbäume." 1922, wißt Ihr noch, wilde Maskenbälle, der Dollar stieg, und die Ehen zerbrachen und du gingst in die Bank.

Ist zwei Uhr eine Zeit zum Schlafengehen, wenn man eine Nacht durch Berlin treiben will? Nein, also weiter. Weg über aufgerissene Straßen, an Stichflammen vorbei, über Abgründe, Bauplätze hinweg nach der südlichen Friedrichstadt.

Mädchen lachen, kommen, gehen. Draußen steht Wurstmaxe. Stark frequentiert. Drinnen imitierte chinesische Lasterhöhle, Holzschnitzereien, Drachenköpfe und bunte Laternen, viele Frauen. Eine bildschöne Blondine in schwarzer Pailette setzt sich an unsern Tisch. „Na, mein Süßer", quetscht sie – ein Er! – in dunklem Alt, „Komparse", sagt er sei er, aber er lebt wohl mehr vom Straßenraub. Böse Blicke fliegen mir zu, der einzigen Frau im Lokal.

Nach Norden. Im Tanzsaal an der Ecke spreizt sich im roten Zwanzig-Mark-Seidenkleid ein Mädchen auf dem Podium und singt, mißgestimmt, ein amuröses Lied. Drunten sitzen junge Männer, blond gefettet. Der Kellner ist ein alter Bekannter aus Moabit.

„Nanu, Sie hier?" sagt der Jurist.

„Die zwei Jahre sind abjemacht", erwidert er.

Und dann bringt er uns Rumpsteak.

In der Nebenstraße ist ein Gekeif: „Könnt nischt anders als'n armes Mädchen verhaften", kreischt eine in schwarzseidener Berufskleidung, drüber ein dünnes Mäntelchen mit grauer Ziege. „Ich bin ja gar nicht mein Jewerbe nachjegangen, wollte zum Geburtstag von meine Freundin." Das Gekreisch versinkt. Durch die Nacht leuchtet das U der Untergrundbahn.

Es war halb fünf Uhr, fast schon Morgen, fast schon nicht mehr Nacht, als wir in einem Keller im Norden endeten. Lange Tische, Holzbänke, ein Klavierspieler, Straßenbahnschaffner. Dunkles Gewimmel von schlechtgewachsenen blassen Mädchen mit roten Mündern, in grellen Strickjacken und sportbemützte Männer. Die also, die den Tag um halb fünf beginnen. Und die, die ihn um fünf beenden. Dann kommt der Tag. Nahrung für die Stadt rollt durch die Straßen. Leben Sie wohl, liebste gefällige Frau Berlin. Und nehmen Sie Dank, daß wir hier leben dürfen, bewegt und bereit, heißen Herzens, aufgetanen Geistes, zu lächeln, zu schreiten und diese Luft zu atmen aus Freiheit, Frechheit und Benzin.

FRANZ HESSEL

Das andre Berlin

Berlin selbst in der Stadt, die so heißt, zu entdecken, ist gar nicht leicht. Diese Stadt ist sozusagen immer unterwegs, im Begriff, anders zu werden. Sie ruht nicht in ihrem Gestern aus. Und das heute, die neuen Theaterbauten, Warenhäuser, Verlagshäuser, Fabriken, planvoll angelegten Wohnblöcke in der Stadt und Siedlungen in der Umgegend, das alles ist noch so im Werden, man kann es kaum als Gegenwart empfinden. So sucht man denn nach sichtbarer Vergangenheit. Und da hat man sich nicht nur an die paar bekannten, oft beschriebenen Sehenswürdigkeiten zu halten wie etwa die vielgemalte Gasse am Molkenmarkt, den Krögel, oder in der Nähe das Rokokopalais Ephraim oder das zierliche Haus der Loge Royal in der Dorotheenstraße (um vom Schloß, Opernplatz, Brandenburger Tor usw. ganz zu schweigen). Lehrreich ist es auch, die Grachten und kleinen Gassen an der Spree und in Alt-Kölln aufzusuchen. Da gibt es noch Häuschen, die mittelalterlich aneinanderdrängen und mit ihren Giebeln vorlugen und nicht so leer oder nur am Rand besiedelt sind wie die berühmten Bauten alter Zeit. Nein, sie sind dicht bewohnt von ahnungslosen Leuten, die steile Stiegen mit breitem Holzgeländer herunterkommen oder hinter Blumenkasten und Vogelbauern aus schöngerahmten Fenstern schauen. Man muß sich in der ältern Stadt zwischen den einst auf königlichen Befehl geradeangelegten Straßen die paar krummen herausschälen, deren Linie alte Stadtmauer und Bastionen nachzeichnet. Da wird man immer wieder Entdeckungen machen. Einen besondern Reiz hat es auch, aus zerstreuten Resten sich das Berlin Schinkels aufzubauen, wobei ich wieder absehe vom Allbekannten, wie Schauspielhaus, Neue Wache, Altes Museum, und auf die schlichten Privathäuser des preußischen Klassizismus hinwiesen möchte, die überall in den ältern Teilen Berlins sich finden, Unter den Linden und beim Anhalter und Potsdamer Bahnhof, um den Hackeschen Markt und in Straßen, die sich dem Tiergarten anschmiegen. Ihre vornehme Blässe hat sich gut vereinigt mit dem hellen Gelbbraun der alten Palais zu einem Stadtbild, das uns denn leider durch die verfehlte Pracht späterer Architektur entstellt ist. Die üble Zwischenzeit möchte man gern vergessen oder ausrotten, um an das alte Berlin direkt anzuschließen, was jetzt die junge Baumeistergeneration an wohlbeschaffenen Häuserblöcken und Einzelbauten errichtet. Aber das hieße eine Vergangenheit auslassen und wäre echt berlinisch pietätlos. Gerade in den Burgen des

Beim Schau-Fliegen.

schlechten Geschmacks hat zwischen Möbeln der Plüschzeit und drohenden Büfetten in dunkeln Hinterzimmern eine merkwürdige Gesellschaft gelegt, eine sehnsüchtige Jugend sich entwickelt. Heute sind diese Häuser fast alle von den Familien ihrer frühern Bewohner verlassen, ganze Straßen sind wie entseelt, die Zimmer möbliert zu vermieten oder düstere Büroräume geworden, aber es ist eine eigentümliche spezifisch berlinische Sensation, die verödeten Palastaufgänge, die schon bis Hochparterre endlos wirken, zu erklettern, einen weiland „Salon“ zu betreten und hinaufzusehen zu der Decke, aus deren Stuck sich langsam die Tropfsteinhöhle der Vergangenheit bildet.

Wer eine Großstadt kennenlernen will, darf die Quartiere der Armut nicht auslassen. Und da ist wieder im Gegensatz zu ältern Städten eine Eigentümlichkeit Berlins, daß man auf den ersten Blick von außen nicht viel zu sehen bekommt. Auch in den rein proletarischen Bezirken des Nordens und des Ostens kann man aus den Fassaden der Häuser auf Glück oder Elend seiner Bewohner keine zutreffenden Schlüsse ziehen. Kleinbürgerlich wirken die mächtigen Mietskasernen mit den vorgeklebten Balkonen, auf denen Topfblumen ein kümmerliches Dasein fristen. Aber geh' in die Höfe hinein, den schrecklichen ersten und schrecklichern zweiten, sieh' die fahlen Kinder, die da lungern und hocken, geh' an ihnen vorbei eine ausgetretene Stiege hinauf, und wenn du es dir zumuten kannst, tritt ein in eine der dumpfen Wohnküchen. Sieh' in die Gesichter derer, die abends aus der Halle des Ringbahnhofs heimtreiben. Steh' einmal morgens, wenn die Bude geräumt wird, vor der Palme, einem der Asyle für Obdachlose, und lasse dir die Gäste entgegenkommen. Es ist noch lange nicht das schlechteste Nachtquartier, in dem sie geschlafen haben. Unter den Abbruchtrümmern und zwischen den Bohrlöchern am Alexanderplatz gibt es schlimmere Schlupfwinkel. In den Kellerräumen eines abgerissenen Obst-Engrosgeschäfts, das früher seine Wagen und Körbe zur nahen Zentralmarkthalle schickte, versteckt sich hinter Schutt und Mörtel die Zufallshöhle des Bananenkellers. Wer in den Asylen nicht untergekommen ist, kriecht hier spät, wenn der Betrieb in den Lokalen rings um den Platz aufhört, in eine Ecke. Er zieht die Beine nur ein bißchen näher an den Bauch, wenn wir unbefugten Eindringlinge an ihm vorüberstolpern.

Aber das Volk von Berlin hat eine erstaunliche Arbeits- und Lebenskraft. Es ist ein zäher Menschenschlag, der, sobald er nur das Nötigste zum Leben hat, das Elend vergißt. In seinen Äußerungen und Redensarten ist selten etwas von der Schicksalsergebenheit der Slawen oder der ein wenig melancholischen Beschaulichkeit der Pariser zu bemerken. Auch im Genuß bleibt er tätig und eifrig. Wo Bauland einige Zeit frei steht, hat er seine Schrebergärten, seine Laubenkolonien angelegt, diese rührend gepflegten Stätten mit kleinen Häuschen, einem bißchen Acker, Gemüse- und Blumengarten für jede Familie, woraus dann eine blühende Gesamtheit, ein Riesenbeet geworden ist. Und obwohl – oder vielleicht weil – diese Welt ein nur flüchtiges Dasein hat – denn immer wieder bedroht sie die Ausdehnung der Stadt und die Baulust der Unternehmer –, haben die Laubhütten nichts Provisorisches, sie wirken paradiesisch dauerhaft. Die hemdärmeligen Mannsleute, die säen, Mütter, die gießen, Töchter, die Schoten pahlen, sehen aus, als hätten sie nie etwas andres getan, als wäre dies nicht nur eine abendliche oder sonntägliche Erholungsfrist von Leuten, die wochentagsüber das Pedal der Nähmaschine treten, Drähte ziehen, Stäbe hämmern, Krane und Turbinen bedienen, Leichtes verpacken und Schweres verladen. Sie scheinen lebenslänglich unter Kletterrosen und Sonnenblumen mit Petersilie und Mohrrüben zu tun zu haben. Es gibt unzählige solcher Kleingärten, die zusammen einen grünen Streifen rund um die Stadt bilden, der sich immer wieder etwas verschiebt und stellenweise durchbrochen wird, um sich aufs neue gürtelhaft zu schließen. Hier wie überall in Berlin muß man zur Belehrung die Plakate und Anschläge lesen: Der Pflanzenverein Erholung lädt zur italienischen Nacht ein, die Kolonie Waldesgrün verspricht musikalische Abendunterhaltung; den Kindern wird verheißen: Onkel Pelle ist zur Stelle. Die moderne Riesenliteratur und -malerei der Plakate beherrscht auch die winterlichen Vergnügungen des Berliner Arbeiters. In der Grünen Quelle hängt überm elektrischen Piano das Bild eines Löwen, und darunter steht geschrieben: „Brülle, wie ein Löwe brülle, wenn dein Glas nicht voll gefüllt." An einer Destille, nahe bei der Jannowitzbrücke, las ich die lapidaren Verse: „Borgen Pech/ Ware los/ Gäste weg."

Gewaltige Filmreklamen verheißen Amerikas berühmtesten Cowboy und den Grafen von Cagliostro, der auf eine schmerzlich stirnrunzelnde Brünette höhnisch niederlächelt. In solche Filme muß man hier im Norden und Osten gehen. Da wird das „große Leben“ viel gleißender als in den gediegenen Kinopalästen der Tauentzienstraße und des Kurfürstendamms. Und oft bekommt man vor oder nach dem Film noch eine Revue zu sehen, in der sich dem, der das treuherzig-freche, das rührend „kesse“ Berlin kennenlernen will, dies simpler und deutlicher offenbart als in den prächtigen Darbietungen der Charrell und Haller. Oh, diese Ballette von fünf Girls, die sich keck und steif bewegen wie Schulmädchen mit deutlichen Pausen zwischen den einzelnen Tanzfiguren! Wie sie nicken zu den Zäsuren der Musik!

Hast du vor solchem Schauspiel deinen Abend verbracht, Fremder, und willst nicht doch noch zu guter Letzt gen Westen pilgern, um in Bar, Diele oder Prachtsaal bei Sekt und Whisky die internationale Lebewelt tanzen zu sehen, so empfehle ich dir, dich über den Mühlendamm in die alte Fischerstraße zu begeben. Dort dicht am Wasser, im vielleicht ältesten Haus von Berlin, ist eine interessante Wirtschaft. Eine gemischte Gästeschar findest du versammelt. Seidenbluse und Schürze am selben Tisch schwesterlich nebeneinander, Fischer- und Fuhrmannskittel neben Bratenröcken. An der Wand hängen unter alten Gastwirtsdiplomen Zille-Bilder, vom Meister selbst geschenkt. Hier kannst du die neuerdings veränderte Lorelei singen hören mit den schmetternden Strophenanhängseln: „Sie kämmt sich mit dem Kamme/ sie wäscht sich mit dem Schwamme“ und von deinem Tischnachbarn ein Berlinisch lernen, das sich gewaschen hat.

ERICH KÄSTNER

Kleinstädtisches Berlin

Es gibt Dichter, die – weniger aus innerer Nötigung heraus als weil es ihnen zeitgemäß erscheint – die „Großstadt" besingen. Sie bauen lange, kurze und einander parallele Verszeilen, als wären's Straßen; dann fassen sie sich solche rhythmischen Reihen zu verschiedenen strophischen Stadtvierteln zusammen und beleben ihre papiernen Städte mit dem Geschrei und Geklingel rücksichtsloser Reime. Und zum Schluß werfen sie, diese lyrischen Stadtbauräte, sich selber in den Trubel ihrer poetischen Stadtschaften, wandern auf ungleichen Versfüßen und mit wirrem Haar darin herum und behaupten etwa:

„Zehntausend Frauen streifen mein Gesicht, –
Der Schlund der Stadt verschluckt sie ungestüm!
Die Nacht ist blau und grenzenlos und voller Licht.
Ich aber steh im Dunkel, fremd und anonym ..."

Diese Herrschaften übertreiben maßlos! Sie suchen es sich zu erklären, daß sie so bedauernswert klein und niedlich sind, und schieben es auf die Größe der Großstädte. Sie wollen den Eindruck wecken, eine Großstadt sei ein „ganzheitlicher Komplex", und irren sich, mindestens. Eine Stadt wie Berlin besteht aus einer Zahl von Städten, deren jede nicht mehr als drei-, vierhunderttausend Einwohner hat: Bayrisches Viertel,

Zentrum, Schlesisches Viertel, Wilmersdorf usw. Innerhalb dieser Bezirke kennt man einander genauso wie in Chemnitz oder Brünn; in diesen Bezirken ist man genauso heimisch wie anderswo; sie sind lediglich in den Namen „Berlin“ eingemeindet, diese Bezirke. „Berlin“ existiert – überspitzt formuliert – zwar auf Steuererklärungen und anderem Papier, nicht aber in der Gefühlssphäre der Einwohnerschaft. Der Wilmersdorfer, der ins Zentrum fährt, überschreitet eine imaginäre Grenze; er unternimmt eine Reise, welcher nichts als die Ausdehnung fehlt.

*

Nur so ist es erklärlich, daß die Berliner – auch wenn sie niemals fort waren – einen weitgereisten Eindruck machen und sich trotzdem und im übrigen von anderen Menschen, Bürgern und Beamten nicht unterscheiden. Nur so erklärt es sich auch, daß in Berlin Dinge geschehen, die jeder *Kleinstadt* zur Ehre gereichten. Auch hier gibt, beispielsweise, spaßhafte Gründlichkeit oft genug saftigen Anlaß zu gründlichem Spaß. – So wurden dieser Tage einer ahnungslosen, biedern Frau auf dem Einwohner-Meldeamt Bombenvorwürfe gemacht, weil sie sich nicht umgemeldet habe. „Ich bin ja aber gar nicht umgezogen“, wandte sie ein. Der Beamte schaltete den dritten Gang ein und schnauzte, nichtsdestoweniger habe sich ihre Adresse verändert! „Das stimmt“, gab sie zu, „trotzdem wohne ich noch im selben Hause. Es ist ein Eckhaus, Herr Sekretär, und da hat man den bisherigen Haupteingang vermauert, und nun müssen wir eben von der andern Straße her ins Haus.“ – Der Beamte sagte, das wisse er alles. – „Ja, aber“, rief die Frau aus, „es ist doch noch dasselbe Haus und es ist noch dieselbe Wohnung wie immer!“ – Dennoch habe sie die Ummeldung versäumt und sich spürbaren Strafen ausgesetzt. Von Glück könne sie reden, solch einen nachsichtigen Beamten getroffen zu haben.

Sollte diese kleine Begebenheit eine Moral haben, so nur die: daß es in Schilda und in Berlin gefährlich ist, Eckhäuser zu bewohnen. Denn hier kann einem nachgewiesen werden, man sei aus- und wieder eingezogen, obwohl man sich nicht aus dem Hause rührte.

*

Im Westen Berlins und in Wilmersdorf kann man seit kurzem an den Litfaßsäulen einen Anschlag lesen, der allenthalben Bewunderung erregt. Diese westlichen Stadtviertel sind wegen ihres vornehmen cottageartigen Gesamteindrucks beliebt. Die Häuserzeilen stehen blitzsauber da, und die Bewohner wissen über Literatur und Börsentips ungleich besser Bescheid als über den Unterschied von Tanne und Fichte. Und wenn überhaupt, so kommen hier jene Kinder zur Welt, die der Ansicht sind, der Wagen sei ein Körperteil des Pferdes. – Und in dieser Gegend ist also an den Plakatsäulen zu lesen:

Bekanntmachung
Betrifft: Körung von Ziegenböcken

Abweichend von der in den vorhergehenden Jahren angeordnete Vorprüfung der Böcke werden die Körungen in diesem Jahr in den Ställen der Bockhalter vorgenommen. Körpflichtig sind alle Ziegenböcke, welche zum Decken oder Deckversuch fremder Ziegen, sei es unentgeltlich oder gegen Bezahlung, verwendet werden. Bei den vorzuführenden Altböcken sind die Sprungbücher, bei den Jungböcken die Deckscheine vorzulegen. Das Körgeld beträgt 3 Reichsmark. Usw.

Vor den Anschlagsäulen spielen sich Szenen ab. Kein Mensch weiß, was Körung ist; aber jeder will es wissen. Gute und böse Witze werden gemacht. Ein Wilmersdorfer will sogar das Lexikon (Band „Itzenblitz bis Lemure“) mitgebracht und, unter großem Hallo, der Menge verkündet haben, was Körung sei.

*

An diesen ländlichen Tatbeständen ändert es nichts, daß gerade die Blumenfrauen, die aus der Umgebung kommen und den Tauentzien beleben helfen, großstädtische Allüren annehmen. Eine dieser ländlichen Frauen hatte ein Schild an ihre Blumenkörbe geklebt, das Propaganda-Erfahrung bewies. Es stand darauf: „Heute letzter Tag großer Wicken-Ausverkauf, 10 Prozent Rabatt.“

Die Fülle. „Warum sprichst du denn kein Wort?“ – „Ich kann nicht, ich kann in der Fülle den Pfannkuchen nicht runterkriegen!“

3.

Querdurch - Mittenmang

ALFRED POLGAR

Kurfürstendamm

Der Kurfürstendamm ist die blutreichste Verkehrsader im Westen Berlins, an ihr kann man, wie sich das für eine rechte Ader schickt, den Puls der Stadt, der Stadt den Puls fühlen. Er geht beruhigend kräftig. Der Kurfürstendamm hat hohe Häuser, die besonders oben, mit Kuppeln, Türmen und üppigem, steinernem Gekröse einen abscheulichen Anblick bieten. Aber so hoch hinauf sieht ja niemand, zumal in dieser Straße, die schon unten so viel Aufmerksamkeit erfordert und beansprucht. Da ihre Gebäudefronten nicht in einer Geraden liegen, sieht es aus, als ob streckenweise die Wogen des Häusermeeres zurückgetreten wären, ähnlich wie seinerzeit auch die Wogen des Roten Meeres rechts und links auswichen, um die Juden durchzulassen. Der Kurfürstendamm hat sein besonderes Klima, welches den Kreislauf des Geldes beschleunigt und die Erwerbsdrüsen sowie auch die Sinnlichkeit kräftig anregt. Von den frühen Morgenstunden bis hinein in diese erfüllt ihn brausendes Geräusch der Menschen und Sachen, das von boshaften Kleinstädtern als Kriegsgeheul der Eingeborenen, von den aus Budapest und Wien Zugereisten aber als Ruf des Lebens wahrgenommen wird. Der Kurfürstendamm beginnt bei der Gedächtniskirche und hört nie auf. Für die in seinem Bezirk Ansässigen mündet er, wenn nicht ein Börsenkrach dazwischen kommt, in Karlsbad. Er ist eine der wenigen Straßen Berlins, wo promeniert wird, eine Seltenheit in dieser Stadt, in der keiner müßiggeht, also auch nicht müßig geht. Die Fülle von glanzvollen Schaufenstern, Kinos, Unterhaltungslokalen – Theater sind nur zwei auf dem Kurfürstendamm und Bedürfnisanstalten nur eine – der Überfluß an Gaststätten, in denen man soupieren, speisen und auch essen kann, gibt der Straße ein festliches Gepräge und hat ihr die Geltung eines Sinnbildes für Luxus und Protzerei verschafft. Der Passant hat auch oft, besonders des Abends zu Theater- und Kinobeginn, wenn die vielen schön geformten Privatautos ihren nicht immer schön geformten Inhalt auf die Straße leeren, den Eindruck, es gebe da, auf dem Kurfürstendamm, einen rechten Massenandrang von reichen Leuten. Doch kommt es unter ihnen, dank der Disziplin, mit der sie kapitalistische Ordnung halten, nie zu rücksichtslosem Gedränge. Auf dem Kurfürstendamm trifft jeder mit großer Wahrscheinlichkeit die Menschen, die er nicht treffen will. Sie sind unter dem Spitznamen „Bekannte“ bekannt. Kurfürsten begegnet man relativ selten.

JOSEPH ROTH

Der Kurfürstendamm

Am Abend gehe ich über den Berliner Kurfürstendamm. Ich drücke mich an die Mauern wie ein Hund. Ich bin einsam, aber ich habe das sichere Gefühl, von der Vorsehung geführt zu werden. Manchmal muß ich ein Gitter sachte umschreiten, hinter dem sich ein Garten befindet. Man darf ihn nicht betreten. Ich beneide die Straßenbahnen, die flott und frisch über grüne Rasen in der Mitte der Fahrbahn dahingleiten dürfen. Eigens für sie hat man die Rasen angelegt, als wären sie Tiere, aus der saftigen grünen Natur nach Berlin gebracht, und als müßte man ihnen, ähnlich wie den Tieren im Zoologischen Garten, ein kümmerliches Bißchen von ihrem Milieu vortäuschen. Manchmal befindet sich hinter dem Gitter allerdings kein Rasenbeet, sondern ein Kiesbeet. Von Ziegeln eingefaßt, in flacher Erhabenheit, trägt es lauter kleine Steinchen, bei deren Anblick es zwischen den Zähnen knistert. Ich wüßte gerne, wer diese steinerne Flora erfunden hat und ob man die Kieselsteine täglich begießt, damit sie nicht verdorren. Über den Asphalt, parallel mit den Straßenbahnschienen im Rasen, rattern die Autobusse und die Automobile, um Verkehrsstockungen zu verursachen. Oft gelingt es ihnen erst mit Hilfe der Verkehrsampeln, die automatisch rot, gelb und grün aufleuchten, ohne ersichtliche Ursache. Sie hängen an Drähten in der Luft, überall, wo durch Querstraßen eine Kreuzung entstanden ist, Augen, die leuchten, aber blind sind. Wenn sie böse sind, werden sie rot, und wenn ihr Zorn verraucht, werden sie grün. Wenn sie rot sind, müssen die Gefährte stehenbleiben. Manchmal gelingt es den Verkehrsampeln, zur richtigen Zeit rot zu werden, das heißt: wenn aus den Querstraßen ein paar Lastautomobile kommen. Meist aber werden sie schon zornig, wenn auch nur ein Radfahrer aus einer Querstraße kommt oder ein Mann mit einem Karren. Selbst die Schutzleute, die doch ohne Zweifel das Gesetz vertreten, sind ohnmächtig gegenüber den Ampeln in der Höhe, den wirklichen Augen des Gesetzes, mit denen verglichen die Augen der Polizisten nur eine Metapher sind.

Manchmal unterbrechen die Reihe der Wohnhäuser Kaffeehäuser, Kinos und Theater. Sie sind es eigentlich, denen der Kurfürstendamm seine Bedeutung als Verkehrsader zu verdanken hat. Gott weiß, was er ohne sie wäre! Deshalb sind sie unaufhörlich bemüht, seine Größe zu heben. Da sie seine Ansprüche auf internationale Bedeutung kennen, streben sie nach Internationalität. Ein Gasthaus wird amerikanisch, ein Kaffeehaus französisch. Zwar sieht es niemals aus wie in New York oder in Paris. Aber es weckt Reminiszenzen an dieses oder jenes. In ihrer Bescheidenheit halten sie sich nur für gelungene Imitationen, aber sie sind in Wirklichkeit mißlungene Originale. Im amerikanischen Restaurant sind die Speisekarten englisch. Wahrscheinlich ist die Muttersprache der Gäste sozusagen Deutsch, aber ihre Umgangssprache wechselt nach Laune und Vergnügungsort.

Es kommt ihnen nicht darauf an, sie verstehen auch Englisch. Im französischen Kaffeehaus sitzen sie draußen, auf der „Terrasse“, frieren und fühlen sich pariserisch. Ja, sie sind noch mehr als pariserisch, weil sie es in Berlin sind. Offenbar infolge einer baupolizeilichen Verfügung müssen die Terrassen eingezäunt sein und deutlich von der Straße abgegrenzt. Nun unterscheidet sie gerade diese Abgeschlossenheit von den Pariser Terrassen. Aber es kommt auf die Ähnlichkeiten an und nicht auf die Unterschiede. Auf manchen Terrassen leuchtet ein violettes Licht, das an Totenkammern erinnert. Trotzdem lacht man bei dieser Beleuchtung. Aus dem Zusammenstoß der Leute, die von den Terrassen kommen, mit den andern, die zu den Terrassen gehen, ergibt sich dann das Leben und Treiben der Fußgänger. Wenn sie die Straße überqueren wollen, begeben sie sich zu einer Kreuzung. Haben sie Glück, sind die Ampeln gerade grün, und sie gelangen ungehindert auf die andere Seite, wo ebenfalls Terrassen lagern.

An den Rändern der Bürgersteige stehen Bäume und vor den Gittern Zeitungshändler. Die Nachrichten sind schauderhaft. Die Zeitungen sind schneller als die Zeit, nicht einmal das Tempo, das sie selbst erfunden haben, kann ihnen nachkommen. Atemlos rennt der Nachmittag dem Spätabendblatt nach und der Abend dem Morgenblatt vom Morgen. Die Mitternacht sieht sich bereits mit Schrecken vom morgigen Nachmittag überholt und hofft inbrünstig auf einen Streik der Setzer, um sich einmal in Ruhe wie eine Mitternacht betragen zu dürfen.

Auf diese Weise erstreckt sich der Kurfürstendamm rastlos Tag und Nacht. Auch wird er renoviert. Man muß diese zwei konkreten Eigenschaften deutlich hervorheben, weil er von Stunde zu Stunde sozusagen Moleküle seiner Körperlichkeit an seinen kulturhistorischen Charakter abgibt. Obwohl er nicht aufhört, eine „wichtige Verkehrsader“ zu sein, ist es doch, als wäre es nicht sein Ziel, zu einem Ziel zu führen, sondern, so lang er sich auch erstrecken mag, ein Ziel zu sein. Befände sich dort, wo er aufhört, nicht eine andere Straße, er wäre imstande, sich noch weiterhin zu erstrecken. Ohnedies sind seine Dimensionen schrecklich genug. Seine furchtbare Fähigkeit, sich unaufhörlich zu erneuern, zu „renovieren" also, widerspricht allen natürlichen Gesetzen von Jung-Sein und Alt-Werden. Seit langem bemühe ich mich, das Geheimnis zu erraten, das ihn befähigt, trotz jedem jähen Wechsel seiner Physiognomie doch noch erkennbar zu bleiben, ja sogar immer mehr Kurfürstendamm zu werden. Unwandelbar ist seine Wandelbarkeit. Langmütig ist seine Ungeduld. Beharrlich seine Unbeständigkeit. Eine launenhafte Laune der Schöpfung, könnte man sagen, wäre die Annahme gestattet, daß sie ihn gewollt hat ...

Dies scheint aber leider nicht der Fall zu sein. - -. -

GABRIELE TERGIT

Viertelstunde Ewigkeit

Der Kurfürstendamm ist übervoll. Die Cafés laufen über. Die Straße ist besät mit Bettlern, die dann im „Quick" rasche Mahlzeit halten. Die Leute sind aufgeregt. Sie politisieren. Sie bangen um ihre Guthaben. Sie schimpfen über Ausnahmegesetze. Sie sind belastet von Sorgen. Sie wissen nicht, was der kommende Tag bringt.

Fünf Minuten vom Kurfürstendamm wird Ewigkeit projiziert. Im Rundtempel ist Stille, ein paar Menschen. In der Mitte der Wunschtraum der Jahrtausende, im Gestell in der Mitte hängt der künstliche Mensch, eine Art von Taucher, am Helm Augen, Mund und Nase. Aber es ist das Gegenteil eines künstlichen Menschen. Es ist ein Projektionsapparat der ewigen Sterne.

Ein junger Mann, eine Art von jungem Mann, von dem man glaubte, er sei längst untergegangen, erklärte – fünf Minuten entfernt von der zitternden Stadt, fünf Minuten entfernt vom Donner der Devisengeschütze, vom Einschlag der Bankerottgeschosse, vom Maschinengewehrfeuer des Abbaus, von den Handgranaten der Lohnkürzung – Sonne, Mond und Sterne.

Im Rundtempel verlischt das Licht. Es wird dunkel, so dunkel, wie es sich unerfüllte Liebe wünscht, und plötzlich erstrahlt der Sternenhimmel, hell und zitternd der Sternenhimmel einer Julinacht.

Nur auf der Spitze der Berge, nur auf waldlosen weiten Feldern, nur auf dem Meere ist so überwältigend, so still, so alles bezwingend der Anblick der ewigen Sterne.

Die Illusion ist vollkommen. Nur, daß man nicht auf dem Boden liegen darf, die Hände unter dem Kopf gefaltet, stört vielleicht.

Der junge Mann erklärt die Sterne in der ruhigen einfachen Art, die man heute „sachlich“ nennt, und gestern noch „ergriffen von seinem Gegenstand“. Im Süden steht der Skorpion. Hier diese drei bilden das helle Sommerdreieck. Im Sommerdreieck steht der nächste Stern 25 Billionen Kilometer entfernt. Es sind Zahlen, die wir nur von der Inflation her kennen, und die wir vorher astronomisch nannten.

Der junge Mann versuchte, aktuell zu sein, er paßte sich dem Tage der Zeppelin-Fahrt in die Arktis an, indem er zeigte, wie die Sonne sich am Nordpol bewegt. Welch eine Aktualität der Ewigkeit! Eine kleine, runde, rote Sonne läuft immer hart über dem Horizont entlang. Sie versinkt nicht, und sie geht nicht auf. Sie ist immer da. Und der Polarstern steht im Zenit. Es flimmert der große Bär, und aus der tiefen Dunkelheit leuchtet der kleine Wagen.

Ein Film begann, ein wundervoller Film, man ist geneigt, zu sagen, daß es nur Photographien waren, Photographien vom Weg zum Pol. Wir sahen den Helden unserer Jugend, Frithjof Nansen, Sverdrup, die Hütte, die „Fram", die Schlittenhunde. Wir sahen das Grönlandeis, die gefrorenen Wasserfälle, die Eisberge, schwimmend, weiß, zackig, ein gläserner Tod, die Fülle der Tiere, junge Robben, Felsen voll Eidervögel, Renntiere, Eisbären. Eskimos, alte, lachend wie japanische Schauspieler, junge Männer, schwarz und kühn, wie es sich gehört, Jäger und Schiffer und Fischer, und vor der Hütte Mutter und Kind im Renntierpelz.

Zwei Minuten Alltag, Streit, Neid und Rache, Peary und Cook. Wer war zuerst am Nordpol? Amundsens Flug über den Pol, Malmgren in der Gondel, Zukunftstraum, die kürzeste Verbindung zwischen Asien, Amerika, Europa über den Pol. Fünfeinhalb Tage von Oslo nach Tokio. Und dann Nobiles Flug, das Ende „Krassins", des Eisbrechers, Ausfahrt mit Professor Samoilowitsch, der jetzt wieder mit Zeppelin fuhr. Die Begeisterung in Leningrad. Die Rettung. Wo blieb Malmgren? Amundsens Untergang. Der Zeppelin und der „Nautilus" beginnen ihren Weg. Berge, letzte Bäume, Hammerfest, Nordkap, Eis, Eis.

Fünf Minuten vom Kurfürstendamm für 80 Pfennig Viertelstunde Ewigkeit. Vier Schritte von der zitternden Stadt, von den Leuchtraketen der Zeitungsdepeschen, vom Geheul der Steuerbomben, vom Platzen der Bankgranaten, von den Minenwerfern der Entlassung stilles Wort von Winkelgraden und Entfernung von Sonne, Mond und Sternen, eine Viertelstunde Ewigkeit.

HANS KAFKA

Die Stadt im Sommer

Potsdamer Platz, abends

1.

Ein Viertel der Bevölkerung passiert um einviertelsieben Uhr abends diesen Platz. Herden von Automobilen, ja Herden, es handelt sich um Tiere, die die Fabel vom Zentauren wahrmachen; ihr Kopf ist menschlich und ihr Körper eine rasende Maschine; erleidet der Körper einen Schaden, so weiß der Kopf allein gar nichts anzufangen. Anders sind die Autobusse, die Massen von Menschen kollektiv zusammenhalten, das Verdeck gleicht einem vollen Tafelaufsatz, der herumgereicht wird, bitte, bedienen Sie sich mit Menschen! Sollte oben der Vorrat ausgehen, oh, das macht gar nichts, unter dem Aufsatz ist noch eine gläserne Kassette mit stattlichen Reserven angefüllt. Ob die Menschen nicht schlecht werden, wenn man sie so aneinanderpreßt? Gegeneinander werden sie es jedenfalls – wie sie im überfüllten Autobus ihre Ellenbogen dem Nächsten in die Seite bohren, und wie sie ihm oben, auf dem Verdeck, den Rauch ins harmlose Antlitz blasen. Sie lieben ihn in solcher Situation keinesfalls wie sich selbst. Was macht man überhaupt mit soviel Menschen, wer braucht denn soviel? Jedem einzelnen genügen doch, na, wieviel, – zwanzig, oder zehn, oder zwei; meistens doch einer! Aber über diesen Platz allein bewegen sich pro Minute doch einhundertfünfzig stürmisch vorwärts. Still stehen eigentlich nur die Zeitungsmänner, die vom Zentrum rechts, die von der Rechten links und die von der Linken in der Mitte (kompliziert, aber warum soll denn alles so einfach sein?), die fast jedem Fußgänger schön zusammengefaltet etwas geistigen Inhalt auf den Weg mitgeben, und zwar eine politische Meinung, eine gewisse Kenntnis der neuesten Vorfälle und bißchen (wenn auch etwas feuilletonistisch verdorbene) Melancholie des Sommerabends – kurz, gegen Erlag von fünf bis zwanzig Pfennig alles, was ein kompletter Mensch an Empfindung und Wissen für einen Wochentagsabend braucht. Was braucht er denn noch? Eine kleine körperliche Erfrischung (in Form von Zitroneneis), ein bißchen Nervenreiz (in Form von Kaffee), beides auch am Platz, und zwar im Vorgarten des Cafés erhältlich; ebenso etwas Erotik – Herr Ober, bitte Erotik, eine halbe Portion, – da schlägt schon die Dame am Nebentisch die Beine übereinander, und dort klimmt ein Mädchen über steile Stufen einen Autobus hinan.

So viele Menschen, und keine Gesichter – in welchen Massenartikel ist man da hineingeraten, da steht man, hereingeschneit, das ist das rechte Wort. Wie ein Stück gefrorener Erde strahlt man inmitten der vielen fremden Menschen Kälte aus. Da wartet man, bis es einen warm anweht, von einer oder von einem, die da vorübergehen, den Atem muß man spüren; die Alten nannten den Atem Seele; in den leeren Gesichtern muß man die Stelle suchen, die anders ist als alles, was man kennt: die Augen, die Abgründe öffnen, in die man hinuntersteigen kann; das Schicksal muß man hervorziehen, die Tragödie oder die Tragikomödie. Ob dort zum Beispiel, in dem so schrecklich dicken Menschen, nicht eigentlich zwei Menschen stecken? Ob es sehr verwunderlich wäre, wenn er plötzlich anfinge, mit zwei Stimmen zu reden?

Da geschieht etwas, das alles entscheidet. Ein kleiner Hund wird durch ein Automobil zerdrückt und zertreten. Man schafft ihn aufs Piaster und deckt ihn mit Packpapier zu, einige Zeit muß er so liegen, bis er abgeholt wird. Um ihn stehen die Menschen, eben noch so stürmisch bewegt, mit einem Male stumm und still. Sie reden darüber, einer erzählt, heftig gestikulierend, mehrmals hintereinander, wie es gekommen ist, und mit einem Male hat jeder Augen und Atem, hat jeder ein Gesicht.

2.

Jene, die im Vorgarten des Cafés für eine Zeitlang seßhaft geworden sind, haben, soweit sie mit Zeitungslektüre und erotischen Anfechtungen glücklich fertig wurden, noch eine erhebende Beschäftigung. Sie blicken ins Weite, sie genießen sinnend die Aussicht. Da prangen alle Farben einer entzückenden Landschaft, bei der allerdings auch etwas menschliche Kunst die Hand im Spiel zu haben scheint. Welche Naturwunder begeben sich abends auf dem Platz? Da ist einmal das Abendrot. Es gibt aber auch ein Abendgrün und ein Abendgelb. Das glühende Rot ist naturwissenschaftlich aus dem Umstand zu erklären, daß ein großes Weinhaus bei einem Unternehmen für Lichtreklamen ein Jahresabonnement abgeschlossen hat. Das Grün und das Gelb sind in ähnlicher Weise durch ein Variété und eine Schuhfabrik bedingt. In diesem Rot können Dichter bereits alle positiven Eigenschaften des Weins erleben; auch die andern Farben schlagen so stark an die Phantasie mancher Menschen, daß ihnen alles, was nach diesem Erlebnis folgen könnte, etwa ein wirklicher Schuhkauf oder ein Variétébesuch, nur mehr als überflüssige Abschwächung erscheint. So schädigt oft die Reklame sich selber. Vollen Erfolg hat sie bei andern Menschen, etwa bei jenem Bekannten, der einmal folgendes dringend brauchte: einen Stiefellack und ein Pflaster für den kranken Fuß. Diese zwei Dinge hatten auf dem Platze gleichfalls eine ungeheure Reklame entfaltet. Unser Held erlebte diese Reklame in allen Stadien, indem er, ach, so manchen Abend im Vorgarten des Cafés sinnend saß und nach den leuchtenden Giebeln und Firsten aufwärts blickte. Mit dem Erlebnis kam der Glaube – restlos davon durchdrungen, ihm täten nur diese beiden Mittel not und keine andern, schritt er in ein nahes Geschäft und kaufte ein. Aus den Packungen entfernte er die gedruckten und gezeichneten Reklamen, die er noch einmal aufmerksam durchstudierte. Da erwies sich, daß außer ihnen die Packungen nichts mehr enthielten; wirklich gar nichts, kein Schuhputzmittel und auch kein Pflaster. Aber dieser Umstand schadete keineswegs, denn siehe da, ein Wunder war geschehen: die Schuhe waren unterdessen von selber blank geworden, und sie schmerzten nicht mehr, denn die Schwielen hatten sich gleichfalls von selber entfernt. Das Wunder hatten eben allein die umfangreichen Reklamen bewirkt, das Wunder, das wieder einmal des Glaubens liebstes Kind gewesen war.

3.

„Vorgarten" heißt der Vorgarten des Kaffees nicht ganz ohne Grund, es stehen sieben wirkliche Bäume da. Wie deren Wurzeln wohl zumute sein mag? Liegen sie in richtiger, schwarz feuchter Erde, zwischen kleinen Steinen, Schnecken und Regenwürmern? Glauben sie, daß damit alles in Ordnung sei, oder fühlen sie die Nähe der Kanäle, der Telephon- und Telegraphenleitungen, der Untergrundbahn, die unter ihnen dahinfährt? Ein Kabel geht jedenfalls zwischen zwei Wurzeln mitten durch, – eben, einviertelsieben Uhr, werden die nachbörslichen Kurse durchtelefoniert. Was meinen die Wurzeln dazu? Sie wollten sich gerne tiefer in die dunkle Erde verkriechen, da stoßen sie schon an ein Lichtkabel. Daß das nur keinen Kurzschluß gibt! Um den langen Hals der Bäume ist unten ein schwerer Asphaltring gelegt, der Kopf strebt nach oben, heraus aus der Asphaltschlucht, zum Himmel. Aber es ist bekanntlich dafür gesorgt, daß die Bäume nicht bis dahin wachsen. Unerreichbar hoch ist der Himmel, eigentlich nur ein Stück, das zwischen zwei Häuserreihen sichtbar ist, eine Großstadtration, aber immerhin abendlich und rein. Kommen vor Einbruch der Dunkelheit noch rasch die Flieger mit ihrer Rauchschrift? Vorderhand steht dort oben, blau in blau geschrieben, das Wort „Sommer“, ist das der Name des neuen Brausepulvers? Kaum –, denn diese Schrift oben ist so, daß sie da unten nur mehr wenige lesen können, eine schlechte Reklame. Oben ist ferner der Wind (bekanntlich das Kind des Himmels), kurz vorher hat er den Harz besucht oder die Ostsee, nun bringt er von dorther etwas Ozon oder salzige Meerluft, ein paar kleine Besuchsgeschenke mit, die er in der Nacht, wenn er durch die Fenster der Schlafenden steigt, in deren Träume mischen wird. Vorderhand besucht er flüchtig die Bäume. So, von ihm bewegt, und vor dem Hintergrund des Himmels, sehen sie einen Augenblick aus, wie wirkliche Bäume, da singt auf einem Ast sogar ein garantierter Vogel, und da kommt auch ein großer roter Schmetterling, wie direkt aus der Landschaft oder aus dem Märchen – aber nein, das ist doch nur ein Fahrschein von einem Autobus. Ach, – die Bäume da am Platz sind nicht am Platz; sieht man sie länger an, so sieht man's ihnen an.

Irgendwann einmal wird diese Stadt zu einer einzigen blühenden und stillen Gartenstadt werden, unter der der Verkehr und alle seine lärmenden Maschinen und alle andern Maschinen, die dann die Menschheit noch brauchen wird, viele hundert Meter tief in die Erde versenkt ist, wie etwas, dessen sich die Menschheit schämen muß, obwohl es notwendig ist; dort unten mag es arbeiten. Die Stadt ist nicht mehr eingeteilt in Villen- und Fabrikenviertel, nicht mehr in eine Oberwelt und eine Unterwelt; unten arbeiten aber nur mehr die Maschinen und auf der sichtbaren Oberfläche gibt es nichts als Bäume und Gärten und Gartenhäuser –, an solchen Abenden in hundert Jahren hat sich jeder Lärm in ganz sommerlich stillen Hauch verwandelt. Die Stadt hat auf der Erde unbeschränkten Raum, sich auszudehnen; der Begriff der Entfernung ist ja abgeschafft –.

Die mickrigen Bäume da am Platz sind eigentlich mutige Vorkämpfer dieser unausbleiblichen Zukunft der Stadt.

LINKE POOT [D. I. ALFRED DÖBLIN]

Östlich um den Alexanderplatz

Ein sonniger Vormittag; ich mache mich auf zu einer Umzingelung des Alexanderplatzes. Der verlockt mich sonst, menschenstrudelnd, wie er ist, geradewegs auf ihn zustoßen; ich will einmal die Peripherie dieses mächtigen Wesens abtasten. Breite, oft boulevardartige Straßen führen in ihn ein; ich trippele von der Lichtenberger Seite an. In der Frankfurter Allee hat man die grünen Rasenstreifen in der Mitte eingehen lassen: die Straße ist ganz sachlich geworden. Es gibt Warenhäuser; schematische Aufmachung für Ärmere, auch viel Plunder. Aus einem Hausflur kommt Gesang; man sucht;

ich gehe hinein. Da agiert auf dem Hof mit drolliger Theatralik ein schäbiger jüngerer Mann herum und singt – singt, ja was? Heil dir im Siegerkranz. Mit allen Strophen; ich höre es zum ersten Male seit 1918 und glaube es nicht. Die Leute kichern, einige sind betreten; der brüllt weiter. Und hat sich nicht verspekuliert mit diesem Appell an die Sentimentalität. Wie er herauskommt, entschuldigt er sich rechts und links, ist plötzlich gar nicht verdreht: „Regt euch bloß nicht auf. Ich muß mein Geschäft machen wie jeder andere. Der Arbeiter gibt mir nichts: der hat nichts." Eine blutrote Plakathand an vielen Häusern; „Du! Bist du schon ein Kämpfer in deiner Sache?" Kleine Zettel mit einem Rettungsring auf dem Meere preisen eine Arbeiterpartei. Die Beklebung der Häuser ist ein Barometer für politische Erregung: man sieht hier einigermaßen Farben. Ich stecke den Kopf in zahlreiche Kneipen: schwacher Besuch. Ein Wirt sagt mir, was ich schon weiß: die hohen Preise, und eine Brauerei hätte schon einen Teil ihrer Pferde verkauft und stelle sich auf Nährmittel um. Was kein Schade ist: Brot ist besser als Bier. Am Strausberger Platz vor einer Zeitungsfiliale eine Menschenansammlung; in der Mitte ein langhaariger kleiner Jüngling mit Schillerkragen debattiert mit einem ruhigen älteren Arbeiter. Der Ältere sagt: „Ihr schützt die Juden." Der heftige Kleine, unter Assistenz anderer: „Nein, wir stellen uns nicht vor die Juden. Aber wir wissen, daß der Kapitalismus in der Klasse und nicht in der Rasse steckt." Es ist die erste Straßendebatte unter Arbeitern, die ich höre, die sich mit Antisemitismus befaßt. Aber er wurde nicht angenommen; die Leute sind geschult. Drollig ein Zeitungshändler; er hat an seinem Stand ein Schild: „Zeitungen einsehen 50 Prozent des Kaufpreises." An einem Gartengitter drängen sich Menschen, ich denke: ein Unglück oder (was dasselbe ist) eine politische Ansprache. Aber es sind illustrierte Kriminalzeitungen; man betrachtet die Mutter, „von einem Bären zerfleischt", und eine „italienische Liebestragödie".

Nun biege ich in die Weberstraße ein, eine enge Straße. Viele niedrige Häuser, alle verwahrlost; Mörtel fällt von den Fronten. Der linke Straßendamm ist weit hinauf mit Wagen kleiner Händler besetzt; eine Masse ärmlicher Frauen bewegt sich mit Kindern und Handgepäck davor; es gibt Blumenkohl, Fettheringe, Käse in Kästen, Fische auf Eis, prima Dauerbollen. Drüben ist ein „Zentrallogierhaus"; Händler erhalten Extrapreise, man verkauft und kauft im Haus Stampfpapier. Zahlreiche Produktenkeller mit Preistafeln vor der Tür, mit Kreide geschrieben, ein „Einkaufsbureau für Edelmetalle" (welcher Stolz). In einem Schaufenster sitzt ein Schneider und näht: eine „Expreßschneiderei". Alles handelt und kauft noch etwas anderes; überall besteht Nachfrage nach Säcken, Bindfäden. In einem „Kommissionshaus" stehen aus: Bierseidel, abgeschnittene Telephonhörer, eine Staffelei, ein Rauchservice, Militärstiefel. Eine Leihbibliothek; ein ganzes Schaufenster mit buntem Schund: „Die Warenhausdiebe", „Sittlichkeitsdelikte in der Großstadt", Serie „Wildtöter", „Winoga, der letzte Mohikaner". Die Titelbilder tragen Unterschriften: „Ein Blitz, ein Knall, der Oberhäuptling sank zu Boden", „Da hast du deinen Lohn,

Erst aussteigen lassen!
„Ich fahre schon seit heut früh auf der Stadtbahn,
ich komme nicht raus!“

Verräter". Eine ernste Arbeiterbuchhandlung; die eine Ladenflanke ist bemalt mit einer Hand, die auf einem offenen Buch liegt, mit einer Ähre und Sichel; darunter: „Um mehr zu produzieren, mußt du mehr wissen."

Ich überschreite die Landsberger Straße. An der Ecke sitzt ein nettes Fräulein bei einem Gummiabsatzhändler; sie sitzt in bloßen Strümpfen, völlig ernst; er wetzt sein Messer, schneidet ihre Stiefelhacken zurecht; hämmert. Die Gollnowstraße. Die Straße ist noch finsterer und teilweise bröckliger als die Weberstraße. Proletarier und Lumpenproletarier. Wieder Produktenkeller, „Sortieranstalten". Ein Kaffeelokal trägt hetzerische Bilder: „Der Wannsee verschoben". Ein Schild ruft: „Sie haben einen Schatz und wissen es nicht"; es ist ein Briefmarkenladen. Der Schatz sind alte Briefe auf dem Boden. Galizische Typen treten auf; jenseits der Neuen Königstraße, in der Linienstraße, werden es mehr. Es gibt Häuser von abenteuerlichem Schmutz und phantastischer Gebrechlichkeit. Trotzdem verheißt ein Barbier in einem ganz unglaublich kümmerlichen Haus: „Kein Warten! Gute, saubere Bedienung." Weißbärtige, elende Männer im zerrissenen Kaftan gehen vorbei. Lebensmittelverkauf in Hausfluren. Vor Möbelgeschäften, Altkleiderhandlungen stehen die Besitzer und blicken unter die Passanten.

Der Bülowplatz trägt die pompöse „Volksbühne"; umringt ist er von wüsten Lagerplätzen für Alteisen, Schienen. Sehr lebhafter Wagenverkehr; es wimmelt von Menschen. Und immer „Gelegenheitskäufe", Tuchläden, Uhrmachergeschäfte, Stiefel. – Links die Grenadierstraße. Hier scheint ein

Dauerauflauf zu sein. Der Damm ist von Menschen besetzt; sie kommen und gehen aus den winkligen, uralten Häusern. Das ist ein ganz östliches Quartier, das gutturale Jiddisch dominiert. Die nicht zahlreichen Läden tragen hebräische Inschriften: ich treffe Vornamen: Schaja, Uscher, Chanaine. In Schaufenstern zeigt ein jüdisches Theater an: „Jüdele der Blinde, fünf Akte von Joseph Latteiner." Jüdische Fleischereien, Handwerkerstuben, Buchläden. Das bewegt sich in unaufhörlicher Unruhe, blickt aus den Fenstern, ruft, bildet Gruppen und tuschelt in finsteren Hausfluren. An einer Ecke steht alles um einen gut berlinischen Ausrufer, einen Eulenspiegel: eine weiße Maus läuft ihm über die Mütze, er zeigt Kunststücke mit falschen Millionenscheinen, um dann Seife zu verkaufen: „Klares Wasser, das ist der beste Beweis, meine Herrschaften."

Ich mache mir Platz. Schlängele mich durch zur Münzstraße. Passiere die Kinos, die am hellen Tage dauernd spielen, mit Jahrmarktsorgeln, die über die Straße toben; sie locken zu „Marko, der Mann der Kraft" und „Das Schicksal einer anständigen Frau". Ein Menschenstrom, Wagenstrom; der Alexanderplatz ist nahe. Zwischen zahlreichen sehr billigen Damen, unter den hastenden Leuten suchend, wandern sonderbare langsame Menschen, die sich offenbar kennen, erkennen, beiseite treten, Kleiderköfferchen tragen. Ein Hinundherlungern. Viele unbeschäftigte Burschen mit kessen Mützen. Die Alexanderkaserne mit Schupo kommt, der endlos lange Bau des Warenhauses Tietz; er setzt eine neue, etwas puppige Ecke an. Dann die breite Öffnung, grüner

Rasen, der Alexanderplatz, die Gulaschkanone der Heilsarmee, umlagert von Neugierigen und Ketten Armer und Alter, das finstere rote Polizeipräsidium.

SIEGFRIED KRACAUER

Der neue Alexanderplatz

War der Alexanderplatz während seiner Bauzeit ein formloser, offener Raum, durch den von allen Seiten her der Wind pfiff, so ist er jetzt ein Muster der Organisation. Der Wind pfeift natürlich immer noch. Gegen die Innenstadt abgegrenzt wird der Platz von zwei riesigen Büro-Hochhäusern, die wie eine Wallmauer aussehen. Auch mit den modernsten Kriegsmitteln vermöchte bestimmt niemand den Wall zu erstürmen. So ist es ein Glück zu nennen, daß er sich dort öffnet, wo die Königstraße in den Platz einmünden will. Wahrhaftig, die Wallmauern unterbrechen ihren Lauf, lassen die Königstraße passieren und geben zugleich einen wunderbaren Blick auf die Stadtbahn frei. Über die Gleise, die eine Art von Querverbindung zwischen den beiden Hochhäusern herstellen, rollen in einem fort die bunten Stadtbahnzüge, und die Eisenkonstruktion des Bahnhofs sieht gerade noch durch die Lücke hindurch.

Aber dieser Stadtbahnbetrieb hat nichts mehr in das Leben auf dem Platz selber dreinzureden, sondern wird von den Bürohaus-Massiven mit einer selbstherrlichen Gebärde in den Hintergrund zurückgedrängt. Sie schaffen Platz für den Platz, und das eine von ihnen flankiert ihn sogar ein Stück weit, damit er sich desto ungehemmter entfalten kann. Seine Fläche ist ungeheuer, sie gleicht einem See, dessen Ufer man stellenweise aus den Augen verliert. Wäre sie nicht von einem Rondell unterteilt, das die Platzmitte ausfüllt, so könnten sich Menschen und Fuhrwerke wahrscheinlich gar nicht orientieren und stießen immer wieder zusammen. Sie kommen ja aus den verschiedensten Richtungen und wollen nach den verschiedensten hin. Das Rondell aber, das sie nicht durchkreuzen dürfen, nötigt sie rein durch sein Dasein dazu, sich hübsch artig im Kreis zu bewegen. Autos, Autobusse, Lastwagen, Passanten: alle umkreisen diese grüne Rasenfläche, die wie ein Niemandsland daliegt und in regelmäßigen Abständen von Straßenbahnmasten und Verkehrsschutzleuten eingefaßt wird. Den unaussprechlichen Frieden, den sie ausströmt, können auch die gelben Straßenbahnen nicht stören. Im Gegenteil, indem sie ohne Aufenthalt über das Rondell hinwegrauschen, vertiefen sie nur den Eindruck, daß es ein Naturschutzpark ist.

Auch unter der Erde ist der Alexanderplatz einwandfrei organisiert. Drei Untergrundbahnhöfe liegen hier übereinander, zwischen denen ein Labyrinth von Gängen, Podesten und Treppen vermittelt. Sämtliche Räume und Raumteile glänzen wie Badezimmer, so daß man eigentlich nur noch die vernickelten Hähne der Brausen vermißt. Vielleicht wird die proletarische Bevölkerung, die in der Nachbarschaft wohnt, durch diesen hygienischen Glanz für die Dürftigkeit ihrer

Stuben entschädigt, in denen er nötiger wäre. Die Bahnhöfe sind in verschiedenen Farben gekachelt und außerdem, der besseren Übersichtlichkeit wegen, mit Buchstaben bezeichnet. Obwohl aber die Farben und Buchstaben an allen möglichen Stellen auftauchen, um die Suchenden auf den rechten Weg zu führen, ist es doch außerordentlich schwierig, den gesuchten Punkt auch wirklich zu finden. Das System ist nämlich von einer künstlichen Vollkommenheit, die des improvisierten Zugriffs spottet und sich erst nach einem längeren Studium überhaupt fassen läßt. Aus einem an sich begreiflichen Ordnungsfanatismus heraus sind tatsächlich manche Linien und Ausgänge so gut versteckt, daß man sie einfach nicht auffinden kann. Man will nach A und man gelangt nach D, von wo man wieder über B oder C zurück muß. Dafür hat man allerdings das große Vergnügen, ausgedehnte Rolltreppen benutzen zu dürfen. Eine von ihnen weicht von den normalen insofern ab, als sie in die Tiefe statt nach oben befördert. Woher es übrigens rührt, daß die meisten Menschen solche Treppen, die sie doch aus Bequemlichkeit verwenden, erst recht hinan- oder herabstürmen, wäre noch zu ergründen.

In der unmittelbaren Nähe des Platzes und von ihm aus sichtbar erhebt sich ein Bürohauskasten, der von einem Warenhaus-Konzern errichtet worden ist. Zwischen ihm und den beiden Büro-Hochhäusern an der Stadtbahn liegt nicht nur der Platz, sondern eine halbe Welt. Jenes Gebäude ist eine finstere Unternehmerfestung, deren Kolossalfront aus lauter Lisenen besteht, vor denen man unwillkürlich zittert. Sie endigen oben stumpf, jagen pausenlos über den Mittelturm hin und folgen einander in so unabsehbarer Menge, als gälte es einen Vertikaltrust von Lisenen zu bilden. Jede von ihnen ist ein senkrechter Gewaltakt. In den schmalen Zwischenräumen, die sie frei lassen, sitzen die Fenster wie in Rinnen, mangelhaft ernährte, eingeschüchterte Fenster, die an Angestellte erinnern. Ihre Tätigkeit ist völlig durchrationalisiert, ihr Gehalt entspricht genau dem Tarif. Bald werden sie abgebaut. Dann geht der Betrieb ohne sie weiter, und die Lisenen streichen noch brutaler über die blinde Fassade. Aber es könnte auch sein, daß der Betrieb eines Tages nicht mehr weiter ginge... Im Vergleich mit diesem Konzern-Gebäude, das eine einzige Drohung ist, tragen die beiden Bürohäuser am Platz selber eine freundliche Gesinnung zur Schau. Sie sind nicht geradezu dem Größenwahn verfallen, sondern passen sich immerhin den Verhältnissen an. Und statt mit einem hochfahrenden Pfeilerwerk aufzutrumpfen, das die Knute über den Fenstern schwingt, schließen sie diese paarweise in Kästchen ein, in denen sie sich wie in Eigenheimen ausleben dürfen. Häuser, die wenigstens für Menschen gebaut sind und nicht nur zum Ruhm anonymer kapitalistischer Mächte. Vorerst stehen sie freilich größtenteils leer. Das eine von ihnen enthält einen bekannten Restaurations-Betrieb, der zwei Geschosse einnimmt und mit edlen Hölzern und modernen Beleuchtungskörpern ausgestattet ist. Die Kultur der Räume bildet eine Gratiszugabe zum Bier und den Würstchen.

Ist der Platz jetzt nach der Stadtbahn zu abgeschlossen, so steht er nach der anderen Seite zu noch weit offen. Ganze Stadtteile drängen aus dem Osten heran, und zu jedem gehört ein eigener Straßenzug, dem der Blick vom Platz aus folgen kann. Diese Straßen graben sich immer tiefer ins graue Elend hinein, das sie zuletzt verschlingt. An der Stelle, von der sie ausstrahlen, ist ein Stück Vergangenheit übrig geblieben, ein Kleinstadt-Idyll. Es setzt sich aus ein paar niedrigen alten Häusern zusammen, die eine grellrote Backsteinkirche umgeben. Je näher man der Gruppe kommt, desto mehr entschwindet die Großstadt; bis man sich am Ende auf einem abgelegenen Plätzchen befindet, zu dem kein Laut von der Welt dringt. Mitten im Alexanderplatz-Gebiet ist man Stunden weit von ihm fort, irgendwo in der Mark. Eines der Häuschen hat einen Biedermeier-Giebel, und die Kirche, die unzählige Backsteine verschlungen hat, ist zweifellos der Stolz der Gemeinde. Man sieht sie vom Plätzchen aus nur bis zur Hüfte, so hoch wächst sie über die Dächer hinan. Ihre Chöre runden sich üppig, ihre Backsteine bringen kunstvolle Ornamente zustande. Hier, zwischen den Kirchenmauern und den Häuschen, wäre der geeignete Ort für einen malerischen Tümpel mit Enten und Weiden. Nach der Rückkehr ins Leben, die höchstens eine Minute währt, vergißt man sofort das stille Revier. Die Untergrundbahn rauscht durchs Bewußtsein, die tausend Geräusche des Platzes sind viel zu gegenwärtig, um Erinnerungen aufkommen zu lassen. Und erblickte man nicht aus der Ferne die Kirche, so glaubte man das an sie geschmiegte Gewinkel flüchtig geträumt zu haben.

Die Menschenmenge zieht sich an den Bauzäunen entlang, die noch immer ihre Kurven auf der Platzfläche beschreiben. Sie sind mit handgeschriebenen Zetteln beklebt, auf denen billige Mittagstische und günstige Gelegenheitskäufe angepriesen werden. Vor den Zetteln stehen Straßenhändler, deren Beredsamkeit schlechterdings nicht zu überbieten ist. Einer von ihnen hält eine kleine Schlange aus Drahtspiralen feil, die man nur in einer bestimmten Richtung streicheln muß, damit sie sich auf ihrem Papptellerchen ununterbrochen windet. Kitzelt man sie gar am Schwanz, so gebärdet sie sich wie toll und reckt zornig den grünen Kopf empor. Der Händler begleitet ihre Manöver mit Ansprachen, die nicht der Zweideutigkeit entraten, zwingt durch seine Worte die Zuhörer dazu, die leblose Drahtspirale zu beseelen, und versichert alle die seiner Geringschätzung, die nicht einen Groschen für ein Ding anlegen wollen, das soviel Humor und Stimmung verbreitet. Derart unter Druck gesetzt, kaufen viele die Kuverte, in denen das Papptellerchen mit der Schlange steckt. Sie werden hinterher um eine Enttäuschung reicher sein. Aber wie gerne sucht dieses Straßenpublikum der Erwerbslosen, der Arbeiter und Kleinbürger seine Zuflucht bei Illusionen, die es dem Alltag entrücken. Wo er ein Loch hat, schlüpft es hinein. An der Bretterwand, die eine Abwechslung nach der andern gebiert, lehnt auch eine Malerin mit dem Zeichenblock in der Hand. Schon ist das Polizeipräsidium, naturgetreu durchschattiert, auf dem Papier zu sehen, und die Büro-Hochhäuser werden bald, folgen. Mädchen, Männer und Frauen umlagern die Künstlerin, blicken ihr nach, wenn sie die Höhen und Breiten visiert, und freuen sich über die gelungene Wiedergabe einer Wirklichkeit, die sie nur zu genau kennen. Sie mustern ihren Platz anders als sonst, sie entrinnen ihrem verzweifelten Dasein für einen Augenblick, indem sie in seinem Abbild versinken.

Notgeld.

Schaffner: „Was ist denn das für Geld?“

Fahrgast: „Sehen Sie, jede kleine Stadt macht sich jetzt ihr Geld selber, nun habe ich mir ooch mein Privat-Hausgeld gemacht!“

4.

… bei der Arbeit

EGON ERWIN KISCH

Berlin bei der Arbeit

Von den europäischen Hauptstädten gibt es keine, die so sehr den Ruf der Arbeitsstadt genießt wie Berlin. Und wirklich sind die Bauten und Maschinen, die Berlin zur Aufrechterhaltung seines Verkehrs und Wirtschaftslebens braucht, meist großartig, an Vollendung wohl nur von den amerikanischen Betrieben übertroffen. Meisterwerke der Technik, keinesfalls zu vergleichen mit den armseligen Anlagen der geringen Industrie, welche nach dem Zusammenbruch des zaristischen und kerenskischen Rußland in den Besitz der russischen Arbeiter übergingen, nicht ohne von den Weißgardisten während des Bürgerkriegs vollends in Ruinen verwandelt worden zu sein.

[...]

In einer Großstadt wie Berlin erhöht sich die Arbeitszeit schon durch die enorme Entfernung der Wohnung von der Arbeitsstätte, schon die morgendliche Fahrt in der überfüllten Straßenbahn ist Anstrengung und die abendliche Heimkehr nimmt dem ausgepumpten Arbeiter den Rest seiner körperlichen und geistigen Kraft. Dabei gibt es Zehntausende, die keine Nachtruhe haben, denn der Verkehr zur Arbeitsstelle darf nicht stocken, in Zelten auf dem Fahrdamm werden die Schienen der Straßenbahn beschweißt, in den Tunnels der Untergrundbahn tauscht man die schadhaften Geleise aus und auf den Landstraßen bessern Erdarbeiter mit Harke und

Schippe den Boden aus, damit das Auto des aus seiner Villa kommenden Herrn nicht etwa rüttle ... Ein Kontrast? Es gibt ihrer mehr. Am Flugplatz stehen die Monteure bereit, um allenfalls die Motore des ankommenden Ozeanfliegers auszubessern, und auf dem Landwehrkanal schwimmt ein Obstkahn wie vor hundert Jahren. Auf der Avus überrunden sich die Rennwagen und die Fahrer werden getötet im Kampfe um etwas Reklame für die Unternehmer, während der Briefträger tagaus, tagein, jahraus, jahrein, drei, vier, fünf Stockwerke steigen muß. Auf dem Gleisdreieck schneiden sich die Strecken von Fernbahn, Hochbahn, Vorortbahn in der Luft, nicht weit davon fährt der Bäckergehilfe mit einem Hundewagen sein Brot zu den Kunden. Am Nordhafen löschen Entladekrane, von einem Druck auf den Taster zum Leben erweckt, hunderte von Tonnen, aber keine Maschine hilft der armen Taglöhnerin Ziegel aus dem Spreekahn ans Ufer zu tragen, – der Lohn für Arbeiterinnen ist auch im elektrischen Zeitalter noch immer billiger als ein Druck auf den Taster! Kontraste? Es gibt ihrer mehr! Hinter jedem Luxus steht die harte Arbeit jener, die niemals den Begriff Luxus kennen werden, hinter jeder prunkvollen Theatervorstellung, hinter jedem Ausstattungsfilm steht das Heer derjenigen, die sich um eines Hungerlohnes willen Tag und Nacht hin und her hetzen lassen müssen, deren Namen nicht einmal der kennt, der sie hin und her hetzt, geschweige denn das Publikum, das bewundernd den Namen seiner Lieblinge ausspricht, die „großen“ glänzend bezahlten Regisseure und die „großen“ Schauspieler und Schauspielerinnen. Und die Vergnügungsstätten, die sich mit kostbaren Täfelungen, Goldornamenten, Samtbordüren, Kristallüstern einem Großstadtpublikum darbieten, die an Sekt und Charleston und Nepp verdienen, sie denken nicht daran, modern zu sein, indem sie der Abwaschfrau mehr als vierzig Pfennig für ihre schwere Morgenarbeit bezahlen würden, die hastig geleistet werden muß, – bevor die ersten Gäste kommen. Berlin kennt keine Pause, wenn der Genuß schlafen geht, muß die Arbeit in die Bresche springen, wenn das Morgenblatt erschienen ist, muß der Arbeiter die Rotationsmaschine für das Mittagsblatt in Ordnung bringen, wenn das Restaurant gesperrt wird, muß in der Markthalle Fleisch und Gemüse für morgen eingekauft werden, wenn sich die Häuser zur Ruhe legen, müssen die Abzugskanäle gesäubert werden, Tag und Nacht ist Berlin, die Großstadt, tätig, in der die Gegensätze sinnfällig beisammen wohnen, ohne daß Tausende es merken, daß dem, der die Arbeiten leistet, die Genüsse versagt sind.

„Kopfarbeiter“

ALFRED POLGAR

Beruf

[...]

Der zivilisierte Mensch hat einen Beruf. Dieser dient gleichsam als Schale, als Form, in die sich das glühende Sein des Menschen, damit es nicht gestalt- und zwecklos auseinanderlaufe, ergießt. In Wirklichkeit stellt sich die Sache anders dar: das Sein erkaltet und erstarrt zur Form, in die der Beruf, sie ausfüllend, hineingetan ist. Was sonst noch drin, spielt, meist nur als sogenanntes Privatleben, eine klägliche und sekundäre Rolle. In den Fällen, wo es anders ist, wo der Mensch tut, als sei er um seiner selbst willen da, stehen wir vor dem Phänomen des Lumpen, des Träumers, des unnützen Mitglieds der Gesellschaft. Einen Menschen ganz ohne Beruf können wir uns gar nicht recht vorstellen. Er wäre so was Abstruses wie eine Uhr ohne Zifferblatt und Zeiger (wozu läuft denn das Maschinchen?), wie eine Tante, deren Geschwister nie Kinder gehabt haben, wie ein obdachloser Schwerpunkt. „Ich bin...", ohne daß was nachkäme, heißt, obschon es ein erschütternd großartiges Faktum ausspricht, in anständiger Gesellschaft gar nichts, „Was bist du?" lautet die Kernfrage, vor der in Nichts vergeht, wer ihr keine Antwort weiß. Der Mensch ist, was er ist.

Besonders in Berlin.

Hier kann man es mit freiem Auge sehen, daß der Beruf

den Menschen ausübt, nicht umgekehrt. Hier versteht keiner die Kunst, sich aus dem Interessenkreis, in den er gebannt ist, auch nur für kurze Weile hinauszuzaubern. Hier bibbert auch, wer stille steht: wie angekurbelt und nur gebremst. Hier hat das Geschäft seinen Mann und läßt ihn nicht los, selbst in den müßigsten Mußestunden nicht, und auch in des Feiernden Brust taktet ohne Aufhören der Motor des Berufs. Mit hörbarem Gesumm. Es mischt sich in die Melodie der Ruhe, selbst in die des Vergnügens, und ganz auszuschalten ist es, wie die Nebengeräusche im Grammophon, niemals. Angelus Silesius forderte, daß der Mensch seinen Gott stets „in sich" trage. In Berlin tut er das. Und dieser Gott hat so viele Namen, als die Arbeit, das Geschäft, das Métier Namen haben. Auch Geselligkeit sänftigt nicht den Berufskrampf, löst nicht die Spannung in der Brust des deutschen Mannes. Selbst um den munteren Wirtshaustisch knistert von solcher Spannung die Luft, wein- und friedevoll an des Freundes Busen gelehnt, hörst du in diesem die Interessen kochen. Hier läßt keiner, hier läßt es keinen locker. Und der entspannte Mensch kommt nur ganz sporadisch vor, etwa im Dickicht des Schwannecke oder im fruchtbaren Tal des Mutzbauer, wo die Wiener weiden.

Dieser Volksstamm hat nämlich in ganz außerordentlichem Maße die Fähigkeit der Entspannung. In Wien unterbricht der Mensch, begibt er sich ins Gesellige, den Stromkreis der Berufsinteressen, in den er sonst eingeschaltet ist: der Nachbar wird durch Induktion nicht beunruhigt. Aus solcher Fähigkeit der Entspannung und inneren Lockerung erklärt sich das Phänomen der Wiener Gemütlichkeit, die keineswegs nur, wie eine irregehende Forschung meint, das Produkt langer Aufzucht durch Zwetschkenknödel und adäquate Literatur ist.

[...]

MATHEO QUINZ

Das Romanische Café

Wirklich kennt nur der Maler John Höxter das Romanische Café. Er hat die Generationen, die hier wie in den früheren Lokalen ein- und ausgehen und auf Boheme machen, überdauert, mit der tragischen Miene eines ewigen Todeskandidaten die feinsten Schwingungen ihrer Künstlerseelen und ihrer Brieftaschen ergründet, sie nach Kategorien von fünfzig Pfennig bis zwei Mark registriert und dieses Wissen durch unentwegten, jahrzehntelangen Pump in Geld umgesetzt. Er wird auch diese Generation überleben und so der Berliner soit-disant Boheme, so lange er existiert, Ruf und Existenzberechtigung erhalten.

Sinnfällig ist das Lokal des Romanischen wie eine große Badeanstalt in ein größeres Bassin für Schwimmer und in ein kleineres für Nichtschwimmer eingeteilt. Die Besucher der zwei Abteilungen haben kaum etwas miteinander zu tun. Wo die Drehtüre die beiden Bassins trennt, scheiden sich zwei Welten. Hier steht Nietz, der Portier, nach Höxter die wichtigste Person. Überlegen regelt er den Verkehr und hat sich den sachlichen, verhalten-energischen Ton angewöhnt, den man sonst nur bei Irrenwärtern findet. Nur Gäste, die Herr Nietz persönlich kennt, so mit Namen kennt, daß er sie ohne lauten Namensaufruf durchs Lokal an das Telephon zitieren kann, werden als anerkannte Gäste, sei es Künstler oder anderes, gewertet. Die meisten sind Inseratenagenten. Künstler, die Nietz nicht kennt, gibt es einfach nicht.

Das Nichtschwimmerbassin wird in der Hauptsache von Egon Erwin Kisch bevölkert, der die erstaunliche Fähigkeit hat, zu gleicher Zeit an allen Tischen angeregte Unterhaltungen zu führen, dabei alle Zeitungen zu lesen, ohne den faszinierenden Blick zu versäumen, den er allen das Bassin passierenden Frauen zuzuwerfen hat. Ist Kisch nicht in Berlin, so entvölkert sich das Bassin merklich.

In zwei Ecken des Nichtschwimmerbassins tagt und nächtigt die kommunistische Fraktion des Romanischen; einen Tisch besetzen täglich die guten alten Talmudforscher; an diesem Tisch wurde sogar schon ein wirklich existierender Gott erfunden. Bei den Nichtschwimmern steht auch der Flechtheimtisch, und, alle übersehend, an der Stirnseite des Lokals, beobachtet der Irrenarzt Dr. Emanuel seine lieben Patienten und sucht die aus, die es noch werden könnten. Chirurgen und ähnliches gibt es nicht im Café, das Spezialgebiet der meist anwesenden Hausärzte Dr. Benn und Dr. Döhmann soll diskreterweise nicht genannt, aber im Adreßbuch nachgelesen werden.

Der Kreis, den das Nichtschwimmerbassin umspannt, ist

ungeheuer. Die Journalisten sind da von der Roten Fahne bis zur Kreuzzeitung. Der Barmatstaatsanwalt Caspary sitzt neben dem 2-Jahre-Mord-Gumbel, Bronnen und Leonhard Frank trinken Schulter an Schulter mit Arthur Rebner ihren Kaffee. Die Kunsthändler sind da von Flechtheim bis zum bedeutendsten weiblichen Kunsthändler der Welt. Valeska Gert und Celly de Rheidt, Jessner und der Leiter des Liebhabertheaters in Groß-Salze; fast alle Maler: Otto Dix, Mopp, Krauskopf, Lederer. Ein Maler hört sogar auf den Namen Feigel. Alle Maler leiden übrigens seit einiger Zeit an der chronischen Dolbinkrankheit. Sie zeichnen sich untereinander mit unerhörter Behendigkeit.

Im Nichtschwimmerbassin gibt es auch Gäste, die nie an einem Tisch sitzen – außer Höxter, der ja aus geschäftlichen Gründen jeden Tisch zu erledigen hat. – Da ist ein Mann, der Mathematiker ist, ferner die Fähigkeit hat, Regenwürmer zu essen, Bumerang zu werfen, weiße Hosen und ein Monokel trägt, mit dem er durchschnittlich alle Stunden einmal durch das Bassin äugt. Auch Stefan Großmann durchwandelt die Halle, immer nur abends, bevor er schlafen geht.

Zwischen den beiden Bassins, im Kap der Arrivierten, steht der Honoratiorentisch, in seiner geographischen Lage klar im Gebiet der Schwimmer. In Würde thront hier Slevogt mit Bruno Cassirer. Nur wenige dürfen sich hier heransetzen, diesen wenigen ist aber die Stunde Stammtisch Lebenszweck geworden. Hier spricht der Kunsttrainer Scheffler des Stalls Cassirer täglich 1 000 Worte Kunst (Cassirers Trabertrainer verkehrt nicht in *dem* Lokal). Hier demonstriert Orlik zwischen zwei Teegesellschaften und vier Soupers, wie man mit der rechten und linken Hand zu gleicher Zeit zeichnen kann, ohne ein Menzel zu sein. Großmann hat hier den Sport erfunden, zu zeichnen, ohne auf das Papier zu schauen, eine durch Orlik längst überholte Fertigkeit: der zeichnet auf ein Blatt Papier in der Hosentasche. Die Honoratiorenherrlichkeit dauert täglich nur bis neun Uhr. Dann muß Slevogt, ob er will oder nicht, weg vom Tisch, denn dann verspeist der Wirt hier sein Schnitzel. Dagegen ist auch Orlik machtlos.

Im Schwimmbassin lassen sich die Leute nieder, die Geld haben, oder wenigstens so tun als ob, also Filmleute, abgebaute Dramaturgen, lnseratenaquisiteure, Zigarettenvertreter und der Dichter Oskar Kanehl. Die Gäste dieser Abteilung werden von den Kellnern hoch geachtet, sie trinken meist Mokka, namentlich die Filmiers, auf dieser Seite sitzt das Kapital; allerdings auch die sporadisch auftretenden Zechpreller und Paletotverwechsler. (Es sei ausdrücklich festgestellt, daß diese Herrschaften zu den Schwimmern zählen, bei den Nichtschwimmern dominiert der edle, offene Pump, das einzige Motiv, das einen enragierten Besucher des kleinen Bassins in das große treiben kann). Hier in der Sonne des Kapitals sitzen auch die kleinen Mädchen. Sie haben schöne Namen: Joa, die Infantin des Romanischen, Bibiana, das Biberl, die noch von Peter Altenberg ausgebildet worden ist, Anja, der der Maler Meidner unbedingt das Beten beibringen wollte, das Mottchen, von dem die Sage geht, es hätte einmal einen Mann glatt ruiniert (der Mann verkehrte nicht im Romanischen). Sie geben sich alle die größte Mühe, als große Damen aufzutreten. Mancher wird es vielleicht noch gelingen, wie es Takka-Takka gelernt hat, und vor allem Nadja, die viel gemalte und viel geliebte Nadja, die nur noch ganz selten zu sehen ist, so zwischen einem kleinen Trip nach Kairo oder Biarritz. Wer von den kleinen Frauen gerade mit wem liiert ist, ist unmöglich festzustellen; auch nicht, wer vielleicht gerade mit wem verheiratet oder geschieden ist. Diese Interna kennt nur der Rechtsanwalt des Cafés mit dem Römerkopf, und der schweigt, schweigt seit 20 Jahren über diese Dinge. Dabei gibt es nur wenige der ständigen Besucher, die Hans Braun nicht mit Takt und Erfolg geschieden, und kaum eines der kleinen Mädchen, das nicht zum mindesten einmal als Scheidungsgrund funktioniert hat.

Das Leben des Cafés dauert von 5 Uhr nachmittags bis 1 Uhr nachts. Sonst ist es einsam, und nur ein paar ganz feine Leute, wie Huelsenbeck der Exdada, essen ihr Schnitzel, oder ein paar ganz arme Teufel warten auf den Mäzen, der sie auslöst. Nur am Sonntagmittag entbrennt eine wahre Hölle: Alles, was sich an Wochentagen auf 10 Stunden verteilt, macht seinen Sonntagmittag-Spießerspaziergang durchs Romanische.

Und in den Morgenstunden von 8 bis 10 Uhr: eine infernalische Luft: kalter Rauch, ranziger Puder, Bohnerwachs und Staub: um diese Zeit frühstücken hier die Spieler aus den zahllosen kleinen Tripots des Westens und die Liebespaare oder zum mindesten die eine Hälfte, die aus den üblen Stundenhotels rund um den Zoo kommen. Es sind zerknitterte und verknautschte Frühstücksgäste, von den Kellnern aber gerne gesehen: sie bleiben nicht, wie es sonst im Romanischen Sitte ist, 8 bis 10 Stunden bei ihrer Tasse Kaffee, essen still und ruhig ihre zwei Eier im Glas, mucksen nicht, sondern gehen nach einer halben Stunde brav und müde nach Hause oder ins Geschäft. Während die anderen Krach machen, wenn sie gehen und ihre wichtigen Discours abbrechen sollen über Picasso, Sarotti, Mussolini, über ihre Geschäfte, Kunstwerke und Gründungen. Sie kommen sich ja alle so wichtig vor, fast so wichtig wie Herr Meier, der denkt, die Welt steht still, wenn er einmal seinen Stammtisch in der Kneipe an der Ecke versäumt hat.

HANS OSTWALD

Fliegende Händler in Berlin

Ein Mann in der Klosterstraße: „Ein Etui für alle denkbaren Zwecke. Onkel steckt et harmlos in de Tasche. Tante sucht et nachts um zwölfe. Drin ist nischt. Aber det is ja jerade det Schöne – Ladies und Gentlemen, Mynheers und Jungfrauen – deß Se reinlegen können wat Se wollen."

Ein andrer rief: „Nischt for Jugendliche! Nur for Erwachsene!" Er hatte seine Ware zugedeckt. Aber seine Rufe lockten erst recht Kinder und Jugendliche an. Er jagte sie fort: „Platz for die Erwachsenen! Vater kooft et for Muttern - un sie errötet vor Freude! Nur for Erwachsene!" Und schließlich brachte er Damenstrümpfe zum Vorschein. Alles lachte

– manche kauften, weil er billig war. „Alles nur for Erwachsene!" schrie er, als sich sein Publikum verlaufen hatte.

Andere priesen an: „Det billigste Volksnahrungsmittel: die saure Gurke! 25 Prozent Sauerstoff und 20 Prozent Stickstoff!" – „Süße Herzkirschen, schwarz wie de Nacht!" – „Kölnisch Wasser, Zahnpasta, Kopfwasser und Zahnpulver – alles zusammen for eine Mark, weil die Firma pleite gegangen ist!" – „Tomaten sind zwar keen Jänsebraten, aber schön schmecken se doch!"

Überall in der Nachbarschaft der Bahnhöfe und an manchen belebten Ecken boten fliegende Händler ihre „echten Glaserdiamanten", ihre „universellen Fleckenreiniger", ihren „Kristall-Palastkitt" an. Sie stellten ihren Kasten auf ein kleines Gestell und fingen an zu reden, ehe sich ein Zuhörer zu ihnen gesellte:

„Also, meine Herrschaften, det is der beriehmte Bernsteinkitt, ooch ‚Kristallpalastkitt' genannt. Er klebt, leimt und kittet alles. Die Manipollation is janz einfach: Man hält ihn über 'ne brennende Flamme, denn schlägt man eenen Teller oder 'ne Tasse kaputt, det man wat zu kitten hat, und denn kittet man ihr. Er hält wie Eisen, sag ick Ihnen. Da kann 'ne Kanone drieberfahren, er schadet ihr nischt. In keene Wirtschaft sollte mein Kitt fehlen. Er befördert den öhelischen Frieden un stärkt die jejenseitije Liebe. Et kann vorkommen, det der Mann abends beschmettert nach Hause kommt; det treie Weib hält ihm 'ne Jardinenpredigt; da wird er patzköppig un schlägt alles kurz und kleen. Am andern Morjen kommt de tiefbetriebte Jattin her un sagt: Jem Se mir von

Ihren beriehmten Bernsteinkitt; ick muß de janze Wirtschaft zusammenkitten. Ihr Kitt leimt, klebt, kittet allens. Er hält wie Eisen, sag ick Ihnen, da kann –"

Die Zuhörer: „'ne Kanone drieberfahren, et schad't nischt!"

„Jawoll, meine Herrschaften, da kann wirklich–"

Die Zuhörer: „'ne Kanone drieberfahren, et schad't nischt!"

„Un wenn Se ooch zum drittenmal 'ne Kanone drieberfahren lassen – et schad't ihr nischt! Also, wer will den beriehmten Kitt?"

„Immer noch zehn Fennje de Tiete Mehlweiser! Immer noch zehn Fennje! Südafrikanische Schneeflocken; fünf Fennje die hochelejante Verpackung!"

„Echte Mottensteine! Heite jratis, morjen umsonst!"

„Schulstifte Nummer zwei! Schreiben so schwarz wie der Deibel an seine Jroßmutter. Zehn Fennje des Dutzend. Fürchten Sie nichts, meine Herrschaften – es sind keene Endenbleie mang! Jott, wenn die Herrschaften man halb die Courage zu 't Koofen hätten, wie unsereens zu 't Verkoofen!"

„Zwanzig Fennje die elejante Brieftasche! Jeder Käufer erhält eine zweite extra! Zehn Fennje des Portmonnee mit Heckjroschen! Fümfundfumßig das mechanische Jelejenheitskorsett mit Rüschenjarnierung! – Meine Herrschaften, schlafen Se bei hellichten Dage oder is Ihnen sonst wat in 't Ooge jeflogen, det Se nich die Einsicht haben, sich kurz zu entschließen? Na, mir kann et ja recht sind, wenn ick von die hochfeine Ware wat übrig behalte for das wirklich noble Publikum: des kommt erst nach Fabrikschluß, um Uhre sechsen."

„Hochfeine Ziehjarrn, vier Fennje das Stück! Prima Mexiko-Deckblatt! - Wat meenen Sie dahinten? Uff de Rieselfelder jewachsen? Des denken Sie sich so, weil die Ware zu jroß is vor den Minimumpreis. Schon an die janze Aufmachung können Sie ’t sehn: so verpackt sich keene Schwindelware. Vielleicht Probe jefällig? Bitte, meine Herrn, langen Se zu! – ’n Hochjenuß, nich? – Wat – Sie dahinten von de Rieselfelder – Sie wolln ooch eene? Bitte unscheniert ze kaufen; Probe-Exemplare verjriffen!“

GERTRUD BÜCKLE

Droschkenschofföse in Berlin

Als es mir einmal *ganz* dreckig ging, wurde ich Schofför. Der Anfang war etwas aufregend. Ich habe in der ersten Zeit förmlich gezittert vor Angst, daß ich wirklich einen Fahrgast bekommen könnte. Wenn ich dann nach zwölf Stunden Dienst nach Hause kam und völlig lendenlahm aufs Lager sank, fuhr mein Bett mit mir Auto. Die ganze Nacht. Und dann kamen die Angstträume: der Wagen wurde mir gestohlen, die Fahrgäste entwichen, ohne zu bezahlen, die Herren Kollegen verfolgten mich mit Haß und Rachedurst.

Aber nach vierzehn Tagen hatte sich das alles gelegt. Ich konnte fahren. Die Kanaille Franz, mein Wagen, tat nur noch was *ich* wollte, ich hatte vor nichts auf der Welt Respekt und konnte fluchen wie ein alter Halunke. Mit einem

Wort, ich unterschied mich durch nichts mehr von einem richtigen, wasch- und lichtechten Berliner Droschkenschofför. Das Fluchen gehört übrigens zum Handwerk wie das Lächeln zu einer Filmdiva. Es ist nicht nur Ehrensache, daß man es geläufig beherrscht, so aus Stilgefühl etwa, sondern es bedeutet eine Art seelischer Entspannung für die Nervosität und den Zorn, der sich in vielen Stunden Kampfes mit Wagen, Straße, Verkehrsvorschriften und Publikum notgedrungen aufstapelt. Man kommt nicht ohne das aus. Dazu gehört auch die ganze übrige Droschken-Terminologie, eine Sprache für sich, die gelernt sein will, und die der Uneingeweihte bestimmt nicht ohne Anleitung versteht. Man höre sich einmal an einem Droschkenhalteplatz beispielsweise folgendes Gespräch an:

„Heit hats jar nich jeschlackert. Erst hatt ick en Springer nach Anhalt, da keilen mir die Zausels ein un ick rutsch ab. Dann mach ick en Satz nach Excelsior rüber, da stehen drei Fijuren. lck jeh uf die Klötzer, det der Schlitten drieselt, un wat soll ick dir sagen, da steht en Helmut daneben un will mir fotegrafieren. lck aber jleich mit vierzich Sachen ab, det er mir nich erwischen tut. Denn bin ick hierher jelungert un nu stell ick mein Apparat in Stall. Wejen die paar Knochen mach ick nich noch fufzich Leere. Een Pfund ha ickja schon ranjeschaukelt un Schmalz ha ick och janz jut, wern wir ebend noch ne Molle zwitschern."

Um das zu verstehen, muß man tausend Worte Droschkendeutsch gelernt haben.

Von meinem Kollegen habe ich überhaupt viel gelernt. Am

Halteplatz standen sie immer in Gruppen um meinen Wagen, und ich hielt Audienz. Zuerst schimpften wir ein bißchen über irgendetwas, bloß so aus Gewohnheit, dann bekam ich goldene Ratschläge erfahrener Männer, zum Schluß erzählten sie mir dann außerordentliche Erlebnisse aus ihrer Praxis. Seither kann man mir mit Jägerlatein nicht mehr imponieren. Ritterlich und hilfsbereit waren sie fast alle. Bei kleineren Reparaturen habe ich mir allerdings nicht gern helfen lassen, aus Stolz und aus Eitelkeit. Ich kam mir so ungeheuer wichtig vor, wenn ich bei aufgeklappter Kühlerhaube, dreckig bis zu den Ellbogen, in Franzens Eingeweide wühlte und angeblich hilfreiche, aber in Wirklichkeit völlig illusorische Manipulationen vornahm. Aber es gab eine Operation, die ich haßte wie die Pest, nämlich das Öffnen und Schließen des Verdecks. Ich konnte mich nie entschließen, das allein zu machen, sondern stellte mich dazu allmorgendlich an einen Halteplatz und fing mit großem Aufwand an Zeremonien langsam an, zu tun als ob, spuckte in die Hände, stöhnte und lief geschäftig um den Wagen herum. Dann dauerte es nicht lang, bis ein Kollege kam: „Komm man, Mächen, ick wer dir det machen, det kannste nich."

Gott, es gab ja auch andere Kollegen. Gut gemeinte Zurufe aus anderen Wagen durfte ich immer hören, wenn ich unterwegs war. „Dämliche Zicke, jeh nach Haus, schäl Kartoffeln und stopf Strümpfe, statt das de uns de Arbeit wegnimmst!" Das war das Hauptmotto. Natürlich hat man keine Zeit, die Herren zu fragen, wie man sich mit Strümpfestopfen ernähren kann, sondern man legt sich eine stereotype und wenig zeitraubende, aber allgemein beliebte Antwort zu, die auf alles paßt (sie ist sehr bekannt).

Eines besondern Tones muß man sich auch im Verkehr mit der Schupo befleißigen. Ich habe das fabelhaft raus. Niemals habe ich eine Anzeige bekommen.

Meine Fahrgäste konnte ich in zwei Klassen teilen. Die einen freuten sich über die „Frau am Steuer“, die andern lehnten es glatt ab, mit mir zu fahren. Der angenehmere Teil, der den Mut hatte, in meinen Wagen zu steigen, war immer rücksichtsvoll und freundlich zu mir, sogar, wenn ich, was mir im Anfang oft passierte, den unglücklichen Fahrgast auf geradezu phantastischen Umwegen zum Ziel brachte. Geärgert habe ich mich, wenn einer so mißtrauisch den Kopf auf die Seite legte: „Na, Fräulein, werden Sie uns auch nicht in den Graben fahren?“ Dann erklärte ich ernst, daß mein Chef nur solche Fahrerinnen anstellt, die mindestens sieben fahrlässige Tötungen und zwanzig eingedrückte Kühler nachweisen können.

Als auch das nichts half, packte mich die kalte Wut. Ich ließ mir die Haare ganz kurz schneiden und stieg in einen wunderschönen blauen Monteur-Anzug. Nun merkte kein Mensch mehr auf den ersten Blick, ob ich ein Junge oder ein Mädchen war. Ich triumphierte, und das Geschäft ging etwas besser. Manchmal gab es komische Verwechslungen, und manche sind nie dahintergekommen, was in dem Anzug steckte. Und einmal spürte ich plötzlich mitten in der Fahrt eine fremde Hand an meinem Kinn, die hier anscheinend mit quälenden Zweifeln belastet, Spuren eines Bartes suchte und sich tiefbefriedigt zurückzog, als sich das Ergebnis als völlig negativ erwies. Das hätte beinahe einen Verkehrsunfall gegeben.

Wirklich unangenehme Erlebnisse habe ich nie gehabt, bin niemals bedroht, beraubt, vergewaltigt oder erschossen worden. Dabei bin ich oft nächtelang in den berüchtigsten Vierteln von Berlin herumgefahren, dort vielleicht als einzige Frau, denn nirgends war die Verblüffung über mein Auftauchen größer, aber auch nirgends gab man sich mehr Mühe, mich höflich „aufzunehmen". Ich habe da die interessantesten Erfahrungen machen dürfen.

Und den Franz werde ich nie vergessen!

Tanzstunde bei Kriegsgewinnlers.

„Mehr Gelenkigkeit und Grazie! Sie müssen am Kronleuchter mit 'n Been das Gas ausdrehen können!"

5.

… und zum Vergnügen

FRED HILDENBRANDT

Tanz in der Revue

[...]

Aber was wäre die Revue ohne die Girls, nichts wäre sie. Man hat viel geflucht über den Stumpfsinn dieser Girls, die nichts anderes unternehmen als nebeneinanderstehen und die Beine werfen, einmal geradeaus, einmal hintenaus, einmal nach links und einmal nach rechts, die herumlaufen mit einem ewigen Lächeln im Gesicht, und die nichts anderes sind, als eben die Erben der alten guten Ballettmädchen.

Jedoch sind sie im selben Augenblick sehr schön anzusehen, wenn sie einexerziert sind bis ins Letzte, und wenn sie etwas mehr unternehmen als immer nur die Beine werfen, wenn dann zwanzig oder dreißig gutgewachsener Mädchen wie ein einziges tanzen und marschieren, aus einem Guß, ruck und zuck, militärisch, so ist das ein ebenso schöner Anblick wie der Anblick eines Bataillons gut marschierender Soldaten, ein Spielzeuganblick, wie Zinnsoldaten oder wirkliche. Und wenn diese Mädchen, was sehr häufig zu beobachten ist, noch mit einer besessenen Freude am Werke sind, so ist nicht einzusehen, warum man sich diese harmlose und unschädliche Nebensächlichkeit nicht gefallen lassen soll, wie man sich so vieles gefallen läßt, in Gottes Namen. Was sich nun im Kabarett herumtreibt an Tänzerinnen, sind entweder routinierte Technikerinnen oder Anfängerinnen oder solche, die sonstwo ausgezeichnet sind und hier mit einigen

Kompromissen etwas Geld verdienen. Es ist nichts Wesentliches, was man hier zu sehen bekommt. So sprangen sie rudelweise kopfüber hinein in das Kabarett und verdienten eben Geld und Gage. Bisweilen aber engagieren die großen Kabaretts und die großen Varietés exotische Tänzerinnen, zum Beispiel ist die spanische Tänzerin beinahe eine feste und obligatorische Nummer der großen Varietés geworden, jene schönen, dunklen Damen in schwarzen Gewändern mit einer dunkelroten Rose hinterm rechten Ohr und einem Gitarrenspieler neben sich.

Ich habe von diesen Tänzerinnen auf den Varietébühnen noch keine gesehen, die man hätte schlecht finden können, es sind internationale Namen, und es ist internationales Können, und wenig ist dagegen zu sagen. Einmal sah ich sogar eine, die hatte glatt krumme Beine, richtig gebogene unschöne starke Beine. Aber, kaum hatte sie begonnen, so vergaß man vollkommen ihre krummen Beine, so herrlich jagte sie einher und raste herum, wahrhaftig, was man niemals für möglich gehalten hätte, man vergaß ihre krummen Beine.

Ein Phänomen, ein außerordentliches Phänomen.

[...]

ALFRED POLGAR

Girls

Girls nennt man Gruppen von jüngeren Frauen, die bereit sind, ziemlich entkleidet auf einer Bühne genau vorgeschriebene parallele Bewegungen zu machen. Der Zweck ihres Erscheinens und Tuns ist, Zuschauer erotisch anzuregen und diese hierdurch über das, was sonst auf der Bühne vorgeht, zu trösten. Darbietungen, die durch ein derart elastisches, möglichst langes, fleischfarbenes Band zusammengehalten werden, heißen Revuen und dienen, hierin unterstützt von den Darbietungen der Theater, dazu, den Leuten dieses abzugewöhnen.

*

Girls sind ein sogenanntes „plurale tantum". Das heißt, der Begriff erscheint sprachlich nur in der Mehrzahlform. Ein Girl gibt es nicht, so wenig, wie etwa einen Pfeffer. Zumindest in der Beziehung zur Bühne kann man nicht von einem Girl sprechen (hingegen kann man das ohne weiteres in der Beziehung zum Direktor). Girl neben Girl gestellt wie die Posten einer Summe machen noch lange keine „Girls", das macht erst die vollzogene Addition, die Verschmelzung der Einzelwesen zum Kollektivum. Mehrere, sagen wir etwa zwölf weibliche Wesen à zwei Beine ergeben noch keine Girls. Erst bis sie ein Wesen mit vierundzwanzig Beinen geworden sind, führen sie den Namen zu Recht.

Daß die Girls ein Kollektivum sind, macht ihren besonderen Reiz aus. Das Weibliche erscheint da gereinigt vom Menschlichen, „raffiniert" im chemischen Sinn des Wortes. Hier findet der Wunschtraum des Mannes, der von vielen Frauen in einer träumt, zumindest durchs Aug' Erfüllung. Vierundzwanzig Beine (mit allem, was dazu gehört) und doch nur ein Wesen, das sättigt die erotische Phantasie, ohne das vielleicht mitbeteiligte Herz oder Hirn zu überladen.

Ein girl-lose Revue, eine vegetarische Revue also, hat gar keinen Nährwert. Für den Zuschauer so wenig, wie für den Unternehmer.

Noch ein anderer Zauber als der erotische wirkt sich in Erscheinung und Tun der Girls aus: der Zauber des Militarismus. Dieses Einexerzierte, Parallele, Taktmäßige, dieses Klappen der Griffe und Bewegungen, dieses Gehorchen einem unsichtbaren, aber unentrinnbaren Kommando, das schöne „Abgerichtet"sein, das Untertauchen des Individuums in die Vielzahl, das Zusammenfassen der Körper zu einem „Körper" – also da steckt für den Zuschauer der gleiche Reiz, der ihm das Soldatenspiel, natürlich wiederum nur als Zuschauer, so schmackhaft macht. Vater Tiller, der Oberst der berühmten Tiller-Girls, hat auch für seine Truppe eine richtige militärische Organisation, auf allen größeren Revue-Kriegsschauplätzen fechten seine Kompagnien oder Züge, er speist sie, wenn Abgänge sind, mit Mannschaft, das heißt: Weibschaft aus seinem großen Ersatzkader daheim in

Amerika, und assentiert zu dessen Auffüllung die Blüte der Nation.

Warum eigentlich Frauen ins Revuetheater gehen, verstehe ich nicht recht. Kein Ensemble von halbnackten Boys bietet ihnen Anregung, wie uns die Girls sie bieten. In den Revuen zeigt sich der Primat des Mannes noch unerschüttert. Für die Damen geschieht gar nichts.

Girls erscheinen in vielen Verkleidungen. Als Bridgekarten, Edelsteine, Blumen, Zigarrensorten, Schnäpse, Zeitungen, Schmetterlinge, Briefträger, Soldaten, Spielzeug, Volkslieder, Gemüse und dergleichen. Herren als Gemüse oder als Edelsteine könnte man sich nicht gut denken. Offenbar ist die Frau besser geeignet, eine Sache vorzustellen, als der Mann. Das Wichtigste aber, auch bei den Schnäpsen, Schmetterlingen und Zigarrensorten, sind die Beine, das eigentlich lebenswichtige Organ der Girls, der gliederreiche, in vielen, zarten Scharnieren bewegliche Sendeapparat, der erregende Wellen in den Zuschauerraum schickt. Um so erstaunlicher, daß Girls verhalten werden, ihn schutzlos zu lassen, ohne das zarte Futteral der Strümpfe.

Es geschieht aber so, weil, nach Revue-Glauben, Nacktheit und sinnliche Wirkung eng verknüpfte Begriffe sind. Wenn ich jene setze, wird diese erzielt, denken die Girl-Industriellen. Doch übt Nacktheit – immer angenommen: Nacktheit des schönen, jungen Körpers – um so stärkeren sinnlichen Reiz, je mehr sie als Überraschung, als scheinbares Geschenk des Zufalls, als Jagdbeute dem Auge zufällt. Und sie verliert an Reiz, je mehr sie den Charakter der Delikatesse (das Wort im doppelten Sinn verstanden) einbüßt und als optisches Hauptgericht, gewissermaßen als Fleischspeise, auf die Tafel der Szene kommt. Ein guter Revuekoch wird's in diesem Punkt dem Zuschauer nicht zu bequem machen.

Unbekleidet ist ja gewiß die Pointe aller Kleidung, das Figurenspiel der Kurven, Zylinder- und Kegelschnitte eines feingeformten Frauenbeins ein bezauberndes stereometrisches Vergnügen, und die schöne Nacktheit ästhetischer als das schönste Kostüm. Dennoch sagt man, wenn man einer Haut hofieren will, sie wäre wie Seide, aber noch nie hat jemand einer Seide damit zu schmeicheln geglaubt, daß er sagte, sie wäre wie Haut.

Gespenstisch an den Girls ist, daß sie auch Gesichter haben. Das menschliche Antlitz als Zugabe, als eigentlich sinnloser Annex von Büste, Bauch und Beinen ... das ist ein wenig unheimlich. Darum lächeln tüchtige Girls auch ohne Unterlaß, um, den empfindsamen Zuschauer tröstend, anzudeuten, daß ihre Physiognomien sich über die Nebenrolle, die ihnen zugewiesen ist, nicht kränken.

HEINRICH MANN

Varieté im Norden

Ein Maharadscha, ausgestattet mit Turban und Lieblingsfrau, trifft Anstalten, sich auf ein nägelstarrendes Brett zu legen. Er tut es nicht, ohne auch noch von sechs lebenden Personen belastet zu sein. Diese sollen aus dem Publikum auf die Bühne kommen. Der Maharadscha lockt sie in gebrochenem Deutsch. „Meine Erren, woll Sie kommen?" Als es nichts hilft, vergißt er sich und ruft berlinisch: „Na nu komm' Se schon ruff !" Dann liefert er sich den Nägeln aus. Es ist ein wunderbarer und gewagter Vorgang. Das tausendköpfige Publikum folgt ihm mit tiefem Ernst.

Der Alltag kehrt auf heitere Weise zurück, wenn der Gesangskomiker eine kleinbürgerliche Kaffeegesellschaft schildert. Der Kaffee ist aus Hafermehl und kann mit dem Messer geschnitten werden. Dafür ist der Kuchen trinkbar. Das ist keine Komik für den Westen. Sie wäre dort unverständlich. Hier in dem großen Keller am Weinbergsweg denkt jeder, daß es dem anderen passieren könnte, und lacht dröhnend. Der große, als Theater ausgebaute Keller enthält die Blüte der umwohnenden Jungmannschaft, Liebespaare, die Familien, und für die selbständigen Kaufleute ist eine Weinterrasse da. Alle konsumieren kräftig. Dies muß auch sein, denn der Eintritt kostet nur sechzig Pfennig. Dafür hat man eine nicht ganz frische Luft, aber ein Programm, das von siebeneinhalb bis ein Uhr währt. Es ist auch sonst nicht zu verachten.

Nach dem Chanson „Krumme Lanke“ würde sich mancher Prominente die Finger lecken. Der Gesangskomiker hat es selbst gemacht. „Krumme Lanke“ reimt in jeder Strophe mit „Banke“. Auf den verschiedenen Bänken sitzt dasselbe Paar in der Zeit der Verliebtheit, der Heirat, der Scheidung. Der Sinn ist, wie fragwürdig doch die Beziehungen der Geschlechter und das menschliche Glück sind. Das wäre nicht weiter zum Lachen, wenn jeder es einzeln für sich bemerkt. Aber tausend Personen, die einem Komiker zuhören, sind imstande, es unendlich lächerlich zu finden, und das tröstet sie. „Krumme Lanke“ wird alle Abende aus dem Publikum verlangt.

Der Sänger tut so, als verstände er die Beliebtheit des Liedes nicht. Aber er versteht sie.

Vor der Pause empfiehlt der Ansager, der als schwarz und silberner Pierrot geht, in hochgestimmten Versen die heißen Würste und das kühle Bier. Dann steigt eine große Sache, „Madame Olala“, mit Frau Direktor persönlich. Ihre Mitspieler sind Max Hansen, Max Adalbert, Max Pallenberg sowie Paul Nikolaus und Otto Gebühr. Sie treten nicht gerade in eigener Person auf, es ginge nicht für sechzig Pfennig. Aber jeder Schauspieler dieser „Lachbühne“ ist ein Sammeltyp, jeder zeigt Anspielungen an mehrere Lieblinge, woraus zu ersehen ist, wie echte Lieblinge Berlin hat. Hier denkt man bei jedem: es hätte sein können, wenn es auch nicht geworden ist. Dagegen haben sie auch eigene komische Talente. Zum Beispiel ist einer ein beleibter Riese und die Frau neben ihm nicht einmal halb so groß. Der Tenor aber bekennt den Ehrgeiz, so übertrieben auszusehen wie das Bild auf einer Seifenschachtel.

Das Bühnenbild des Liederspieles „Madame Olala“ ist von Charell, oder vielmehr, es könnte ihn noch etwas lehren, was Sinnenreiz betrifft. Süße Farben der Stoffe, zauberhafte Beleuchtung, tiefe Kissen – in all dem bewegt sich die verführerische Dame. Solche Formen haben die Generation von 1890 berückt, und hier am Weinbergsweg vermögen sie es noch jetzt. Hat das öffentliche Schönheitsideal sich seit 1890 nur in den Stadtvierteln der Reichen verändert? Tausend Bewunderer folgen unverwandt dem Tanz der Frau und ihren Liedern. Sie singt mit den Herren, die ihre Anbeter spielen, ein Quodlibet aus allem, was gut und der Wirkung sicher ist, „Eine kleine, weiße Chrysantheme“ und das übrige. Ein komischer Diener sorgt dafür, daß Gelächter sich in den Rausch von Schönheit mischt. Es ist mit der zu großen Schönheit dieses Lebens wie mit seinen zu großen Traurigkeiten. Beide werden erträglicher, wenn Lachen sie unterbricht.

Die Szene der Frau Direktor erhält endlosen Beifall. Der Schluß wird so lange wiederholt, bis nur noch die tanzenden Beine unterhalb des Vorhangs sichtbar bleiben.

Sehen wir für diesmal ab von der Hundemadam unserer Jugend, die hier aufersteht mit ihrem immer gleichen Dressurakt, und von der musikalischen Familie. Diese umfaßt freilich die Salome des Nordens samt ihrer Mutter, Herodias, einen träumerischen Sohn und einen Vater, der rein aus dem Häuschen ist. Verlassen wir auch gleich wieder den „Meisterhumoristen“, wie reizvoll immer er den Mechanismus des

Erfolges handhabt. Er ist vom Typus Tielscher, verzieht aber keine Miene und behandelt sein Publikum wie einfache Irre, nur dazu vorhanden, „ffst“ und „hui“ zu machen, wenn er behauptet, er regne oder wehe. Nein, nichts darf uns länger verhindern, zu der letzten Darbietung zu gelangen. Sie folgt auf die zweite Pause, dauert allein eine volle Stunde und behandelt eine Artistenprobe im Vorstadt-Varieté. Nie gab es im Ernst eine bessere Nummer.

Das „Amerikanische Varieté“, das früher durch Europa reiste, hier hat es seine einzige Nachfolge. Am Weinbergsweg verbirgt sich eine Groteske, die, wenn sie wollte, die Welt erschüttern könnte vor Lachen. Sie kann aber nicht fort von hier. Der Hauptdarsteller ist hier der Direktor. Man muß seinen Namen erfahren: Erich Carow. Als er auftritt, geht durch den großen Keller ein Raunen, das sein Name ist. Er spielt eine arme, aber unbeirrbare Figur, einen Künstler, der zum Faktotum erniedrigt wird, dreimal wegläuft mitten ins Publikum, bis er die Stellung annimmt; der dann die Leute hinauswerfen und endlich sogar boxen muß. Er hat bei allem genausoviel Angst und genausoviel verzweifelten Mut wie der mittlere Mensch, den die Ereignisse treffen, und meistens denkt er an die täglichen fünfzig Pfennig, für die er bestehen muß, was über ihn kommt. Die Welt bietet bei weitem mehr Bluff als Können, er sieht es, und dazu ist sie noch übelwollend. Was bleibt dem Armen übrig, als sich ihr anzupassen und höchstens an ihr Rache zu nehmen durch die Ausnutzung ihrer Komik. Wenn ein Mann recht furchtbar ist, trägt er doch so eitle lange Schuhe, daß man ihm unbemerkt mit dem größten Hammer auf die Spitzen schlagen kann. Tritt aber eine Diva besonders anspruchsvoll auf, dann bekommt sie den verlangten Vorschuß erst nebenan und in Natur. Zuerst den Fußtritt, dann das andere.

Carow nennt seinen Vorgesetzten, den „Generaldirektor", einfach Hermann. Soll er für fünfzig Pfennig auch noch Respekt haben? Er zeigt, wie man durch Erniedrigung zum vollendeten Skeptiker wird. In seiner meisterhaften Rolle steht er über den sozialen Abhängigkeiten, auch über denen seines wirklichen Lebens, diesem seinen Theater, das er parodiert. Er parodiert aber alle anderen Theater mit, auch die großen, und überhaupt alle unsere Größe. Dies gipfelt in seinem Boxkampf. Wie kann ein verkümmertes, wenn auch dreistes Faktotum sich allen Ernstes auf einen Boxmatch einlassen, außer, das Geschöpf wäre über alles hinaus. Sein Gegner ist ein eherner Italiener mit Faschistengelock. Wenn Carow ihn umwirft, macht der Faschist erst noch Salto mortale. Sie werfen einander gleich oft um, denn mit der Frechheit kommt man ebenso weit wie mit der Technik, nämlich bis zur Erschöpfung. Weiter kommt niemand. Sie tritt nach der vierten Runde ein.

Carow hat sich nicht schlecht abgearbeitet. Einmal im Zuge, boxt er auch gleich den Herrn aus dem Publikum, der ihm Luft zulächelt. Hat man in diesem Leben noch Freunde?

Das Gelächter ist unauslöschlich. Worüber aber lachen sie? Der Boxkampf gehört doch zum Ernstesten und Höchsten, das alle kennen. Sie lachen nicht nur, wenn sehr Trauriges oder sehr Schönes geschieht, sondern sogar über ihr eigenes

„Endlich habe ich heraus, wo mein Mann immer seine Abende zubringt!" – „Na?" – „Stell Dir vor, gestern abend fühle ich mich nicht so richtig und kann nicht ausgehen und da entdecke ich, daß er zu Hause ist!"

Ideal. Jemand zeigt ihnen die tiefe Dummheit ihres Ideals und erlöst sie von ihm für eine Stunde. Das ist sehr viel. Wenn Carow eine Minute stillhält, bemerkt man dann auch trotz der entstellenden Maske in seinen Augen das unerbittlich Packende, das der Blick der großen Komiker hat.

RUTH LANDSHOFF-YORCK

Nachtklub am Lützowplatz

Die Schofföre mit Nachtschicht halten hier an, wenn sie Hunger haben, und bleiben immer etwas länger, als sie eigentlich vorgehabt haben. Es ist auch zu nett, wenn Fräulein Käthe lächelnd aus dem kleinen Fensterchen herausreicht, was sie eben schnell gekocht hat: Kaffee und Würstchen. Pfannkuchen kann man auch bekommen, und sogar Zigaretten gibt es in dem kleinen weiß gemalten Wagen mit dem Azetylenlicht.

Es gibt viele solcher fahrbaren Restaurantchen in Berlin, aber sicher ist keins so gemütlich wie unseres am Lützowplatz. Hier ist ein richtiger kleiner Klub entstanden, der zwischen 2 und 3 Uhr „tagt". Die Leute von der Tankstelle kommen schnell mal herübergesprungen, wenn sie sehen, daß gerade nette Kunden da sind, und manchmal kommen auch einsame Männer von ihrem Platz auf der Bank vor dem Herkules, um etwas mitzureden über die Lage und über die Preise.

Und weil da so ein netter Ton ist, lade ich manchmal flink vor dem Heimgehen noch ein paar Freunde dahin ein zu einem 2-Uhr-Nacht-Pfannkuchen. Wir lehnen unsere Ellbogen nachbarlich auf das kleine Fensterbrettchen und bestellen: „Nabend, Frolln Käthe, hübsch, daß Sie noch da sind." Frolln Käthes Wagen ist nämlich höheren Ortes bedroht worden, eine Ecke weiterzuziehen, wegen Verkehrstechnischem. Das wäre gräßlich, denn wir haben uns alle gerade hier so schön angewöhnt.

Neulich waren zwei nette junge Taxischofföre da. „Sollen wir euch zwomal Würstchen schmeißen?" fragten wir gastfreundlich. „Klar", sagte der eine, und der andere hielt uns seine Zigarettendose unter die Nase zur Revanche.

„Heiß, eure neuen Uniformen", bedauerten wir. „Aber nett der gestickte Piepmatz auf dem Arm."

„Frollein, Sie wissen aber auch gar nischt" erklärte der eine „Das is 'n Kuckuck. Der wird vorsorgend gleich reingestickt, dann braucht er nich mehr aufgeklebt zu werden, später: nämlich die Kluft kostet über 80 Eier. Wir zahlen zwölf M an, und bis jetzt hat, soviel ich weiß, noch kein Kollege in Berlin weitergestottert. Wie überall: nach der ersten Rate kommt der Kuckuck."

Ein Cadillac saust um die Ecke. „Alter Kerl!" brüllt der eine Schofför. „Krepieren sollst du." – „Pfui", sage ich, „klopf mal schnell auf Holz. So was zu wünschen, nur weil der Junge bißchen die Pneus quietschen läßt, um seiner Braut zu imponieren." Der Schofför klopft gehorsam Holz und mault: „Na, kann einen doch ärgern. Wenn unsereins so rast ..."

„Du hast gerade Grund zum Meckern. Vorgestern rausgekommen?“ bemerkt der andere. „Na, Knastschieben hab’ ich schließlich auch schon hinter mir.“

„Mensch, dein bißchen Haft. Bei mir war’s richtig ein Gefängnis mit im Kreis auf dem Hof rumlaufen und Gesangbücher als Lektüre.“ Und da fangen doch die beiden Kerle richtig an, sich gegenseitig anzuprotzen, wer das richtige Gefängnis kennengelernt hat. Komischer Ehrgeiz, finden wir.

Ein kleiner Mann, der bis jetzt auf der Bank am Lützowplatz den Mond angekuckt hat, kommt jetzt rüber wegen einer Selter. „Während ihr hier streitet“, sagte er, „sitzen Zörgiebel und Severing und spielen Skat.“ Der Mann hat wirklich Erfolg mit seiner Behauptung, niemand hat die Absicht, sie nachzuprüfen, und von Severings Abgang weiß auch keiner was.

„Nee, wirklich, is doch doll“, kritisieren die Schofföre, „die haben wohl gar nichts besseres zu tun.“

Wir nehmen sie in Schutz: „Laß sie doch«, sagen wir, »was wollen die denn sonst tun?“ Und wir stellen fest, daß keiner der hier Anwesenden, auch Frolln Käthe nicht, etwas vorschlagen könnte, was für Zörgiebel und Severing besser wäre, als Skat zu spielen.

Danach bekommt der eine der beiden Taxischofföre eine Fuhre, und der Klub ist mal wieder für eine Nacht gesprengt.

BERNARD VON BRENTANO

Berufsbälle

Und abermals sind wir heiter. Heil! kann man sagen, der Fasching ist da. Immer lustiger werden die Plakate in den Untergrundbahnhöfen, die unsre ernsten Augen betrachten. Es gab unter anderen einen Ball in Berlin, der hieß: Filmball. Kameraden dieser Nacht, war der schön! Einige tausend Mitbürger versammelten sich in einem einzigen Festraum des Zoologischen Gartens. Wer einen Tisch hatte, saß, blieb sitzen und saß. Wer keinen hatte, wurde noch zeitiger müde. Die Bowle der Stimmung war laut Programm mit diversen Filmstars angesetzt worden. Versüßen sollte ein Wettbewerb. Der konnte anlocken. Sein süßer Preis war für drei Damen und drei Herren je ein Engagement bei einer Filmgesellschaft. Kurz, ehe bei diesem Wettbewerb alle Herren leer ausgingen, erschienen besagte diverse Filmstars. Sie trugen ihre Köpfchen hoch. Der Ernst der Stunde und die Verantwortung ihres Einkommens beschatteten ihre Augen. Sie mußten sich miteinander verabredet haben, der lästigen Zudringlichkeit des Publikums diesmal zu entgehen. Nun aber, da das Publikum gar nicht zudringlich war, entgingen sie trotzdem. Sie waren unüberwindlich unnahbar. Sie hielten ihren Ruhm im Arm. Weil sie mit ihm nicht tanzen konnten, ließen sie es ganz sein. So war wieder jeder unter sich, und alle machten Gebrauch davon. Rauschende Unterhaltung von Ehepaaren füllte die Halle. Graziös, ohne eine Serviette vor den Mund zu nehmen, teilten Begegnende einander mit, es sei langweilig. So ging die Zeit dahin, und wir mit ihr. Man hätte nach Haus gehen können und sich schlafen legen. Aber man blieb. Man schlief auch so.

Ganz ohne Umschweife begann der Morgen zu grauen. Dann ging man nach Hause.

Es gab ein anderes Fest, das hieß: *Presseball*. Es fand auch dieses Jahr, wie seit urdenklichen Zeiten, am letzten Samstag des Januar und in den gesamten Räumen des Zoologischen Gartens statt. Veranstaltet von dem Verein Berliner Presse, hatte es so ein Zugereister, ein Fremdling, Ausländer, Wichtigtuer und Kollege wie ich, schwer und teuer, den Frack dort spazierentragen zu dürfen. (Berufsmäßig.) Ein freundlicher Zufall stellte mich von zehn bis elf Uhr an die Eingangspforte, Lichtensteiner Portal. Ich hatte dort einen Freund zu erwarten. Die Mehrzahl der ankommenden Gäste hielt mich für eine Art Empfangschef. Ich merkte dies daran, daß sie alle, Damen wie Herren, unsäglich stimmungsvoll zu lächeln begannen, wenn sie sich von mir betrachtet sahen, um gleich darauf den Umständen entsprechend, ihren ernsten Spaziergang in die Garderoberäume fortzusetzen. Links von mir gab es Herren-, rechts Damenspenden. Den geschenkten Gäulen wurden alle Zähne plombiert.

Es kamen Kanzler, Minister des Reiches und des Staates, Diplomaten, Künstler, Staatssekretäre, Bankiers, Großindustrielle, Kaufleute, Schauspieler, Schauspielerinnen. Es kam, sagen wir, alles. Es saßen miteinander die schönsten Kleider und die höchsten Stellungen. Dazwischen bewegten sich die bekannten Namen.

Manchmal wurde getanzt. Aber es war sehr eng. In den Sälen, in denen die Minister und die Filmschauspielerinnen nicht saßen, war eine erregte Spannung deutlich zu spüren. Entschlossen beabsichtigte jeder, seinen schlechten Platz zu verlassen. Was, so begründete er sich, sollte er auch mit sich selber anfangen? Er erriet es nicht. Hier war viel Trauer beisammen.

Hinter der Tombola hing die Wand voll Bilder. Rechts sah man einen Blüthnerflügel, links einen Hermelinschal. Ab und zu hupte ein Spaßvogel an einem hellblauen Automobil, das ebenfalls zu gewinnen war. Jedoch das Los kostete fünf Mark. Der harte Stuhl, auf dem ich saß, wurde weicher.

Auf einmal bewegte sich, von einer Jazzkapelle, die hübsche Knaben besorgten, geführt, ein Festzug durch die Säle. Ein junger Mann, ziemlich normal, aber mit Geschmack gekleidet, hob von einem kleinen Pferd eine bekannte Tänzerin. (Wer war sie nur?) Als sich flugs ein Kreis aus Zuschauern gebildet hatte, begannen die beiden zu tanzen. Es dauerte eine Weile und war entzückend. Dann zog das Trüppchen in einen anderen Saal und das Pferd wieherte.

Kommen Sie, sagte jemand. Es war der bekannte Schriftsteller B. Er zog mich aus dem Marmorsaal in den Kaisersaal. Dort hatte der bekannte Theaterdirektor S. einen Einakter von ihm mit einigen Schauspielern in die Szene gesetzt. Die Sache dauerte eine halbe Stunde. Alle Leute lachten. Ein Minister, dem man einen Stuhl in die vorderste Reihe gestellt hatte, kam sich beinahe vor wie Hamlets Vater. Aber es war ganz harmlos. Ich betrachtete sein Gesicht. Neben ihm saß die Frau eines jungen Verlegers. Ich kannte sie doch! Dennoch konnte ich nicht auf ihren Namen kommen. Die Stimmung wurde reizend. Herren von der Berliner Presse, die mächtigen allwissenden und allbekannten Chefredakteure der ersten, allwissenden, und allbekannten deutschen Zeitungen bedauerten nicht, die Veranstalter und Gastgeber zu sein. (Sie nannten sich so, denn diesmal brauchte sie der Eintrittspreis von 25 und 50 Mark, den einige tausend Berliner erlegt hatten, nicht zu bedrücken). Sie eilten durch die Räume und machten Mitbürger miteinander bekannt, von denen sie annehmen konnten, daß es beide Teile interessieren würde. Richtig: es interessierte beide Teile.

Der Graf von Monte Christo erschien, um mich seiner Kusine vorzustellen. Wie nett von ihm.

Ich erwachte.

Noch immer wanderten die Tausende durch die Räume. Es war zwei Uhr. Die Logen waren leer. Auf allen Tischen häuften sich Speisereste. Keiner kannte den andern. Das Gedränge belästigte die Tanzenden. Also fuhr man fort, sich weiter zu betrachten. Man dachte nach. Man hätte miteinander sprechen können. Man ging vorüber.

Und man ging nach Haus.

GABRIELE TERGIT

Das Haus der Vaterländer

Das Restaurant heißt Haus Vaterland. Eine Mark Eintritt. Silberne Halle. Glatte Wände. Vor dem Krieg Marmor, nun verarmt Silber! Treppen für Schreitende in Brokat. Der Vater des Vaterlandes, Leo Kronau, hilft uns mit einem gedruckten Führer bei der Besichtigung seiner Werke. „Der Besucher tritt in den von Fliederlauben umsäumten Hof eines alten Wiener Hauses. An der Stirnseite des Saales verliert sich der Blick durch abendschimmernde Weinberge zu der schleierhaften Silhouette Wiens." Heuriger bei Windlichterschein. Studenten in Samt und Vatermördern, mit langer Pfeife, singen Schubert. „Am Brunnen vor dem Tore." Nicht mit angefertigt wurde Abendwind, Linden- und Fliederduft. Hingegen haben Backhendl, Palatschinken und Geselchtes keinen Parpiermachégeschmack und kosten 1,85 bis 3 Mark. Dazwischen reigen sich Waschermadeln.

„Wohl niemand", schreibt Leo Kronau, „wird gerade von den deutschen Gästen dies Stückchen österreichische Erde verlassen, ohne empfunden zu haben, im trauten Schoß beseeligender Heimat verweilt zu haben."

Der Fahrstuhl entführt uns ohne Hatz und Extrakosten in die Alpen. O du mein Bayerland! „Zur Erhöhung der künstlerischen Wirkung, die in ihrer optimistischen Täuschung den Gast staunend bannt, ist hinter der Glaswand eine prachtvoll durchgeführte Dekoration vom Eibsee mit seinem davor gelagerten Eibseehotel angebracht, die im letzten Hintergrund von dem riesigen Bergmassiv der Zugspitze gekrönt wird." Maßkrüge, Dirndeln, Kalbshaxen; Buabn singend, stabilisiertes Bockbierfest.

Links spanische Taverne. Auf dem Faß, dessen Deckel aus rosig beleuchtetem Glas besteht, eine Tänzerin in Grün mit Tamburin und Castagnetten. Blutentbrannt klatscht der Freund. Braune Brust aus blauem Hemd. In geduckter Wut hockt die Eifersüchtige in rot. Eigenartig die rote Blume hinterm Ohr. „Auch hier wird der Gast inmitten spanischer Eigenart und Volksechtheit sich heimisch fühlen und gern verweilen."

„Mitten hinein in eine ungarische führt der Weg weiter. Hier rollt das Blut heißer in den Pulsen, hier sagt man mit rassigem Frohsinn immer wieder Ja zum Leben, das sieghaft auch über graue Steppen jagen muß wie die feurigsten Ungarhengste." Toller noch tollt das Blut in den Adern, wie anatomisch genauer zu sagen wäre, im wilden Westen, rechts von Ungarn. „Die ganze Romantik des wilden Räuberlebens der großen schweigsamen Prärie umfängt uns." Das Schweigen der Prärie setzt sich zusammen aus Jazzband, Niggersongs und den Girls, die laut stampfend wildwestlich tanzen. „Abhold aller Zivilisation funzeln die Stallaternen an der Ecke", sagt Leo Kronau. Es steht zu befürchten, daß Meyer III im Goldrausch schießen könnte.

„Im ersten Stock bannt heimatliche Erde uns mit magischer Kraft." Und drunten fließet der Rhein. Selbst der Samt der Stühle ist mit der lockenden Traube bedruckt. Selbst die elektrischen Lampen umgibt das symbolische Weinlaub. Hand in Hand sitzt der junge Mann mit der Braut in nilgrünem Crêpe de Chine für 29,50 Mark, eine halbe Flasche Rüdesheimer vor sich, am Ziel seiner Wünsche. Oben erscheinen Studenten und singen „Zur Stolzenfels am Rhein“. Markig erwidert der Baß der Küfer, die inzwischen in Lederschurz und Kappe in den Saal zogen. Schon verfinstert sich der Kuppelhorizont. Wolken wandern. Vater Rhein schlägt Wellen. „Donner grollen. Blitze zucken“, echter nasser Regen prasselt, „doch die Launen der Natur wechseln“, wie hiermit verraten sei, etwa alle halbe Stunde, so lange wie ein Rumpsteak braucht. „Ein zitternder Regenbogen überwölbt den Rhein, und wieder grüßt die Sonne die goldenen Reben.“ Tiefes Glück im Herzen singen die Gäste mit dem Baß der Küfer, dem Tenor der Studenten. Der Mond zieht auf. Wein wird kredenzt, der dem guten Ruf der Firma zufolge dem verwöhntesten Gaumen genügt.

„Wenige Schritte weiter verliert sich der Gast in die verlockenden Gefilde von Tausendundeine Nacht“. In Chemnitz gewebter Märchenzauber umfängt uns. Wasserpfeifen, Diwans. Für die Formen des leichteren Knutsches trefflich geeignet. „Sphärenklänge durchziehen geheimnisvoll den Raum, – die Wunderklänge werden auf einem Parlophon-Musikapparat mit Odeon- und Parlophon-Musikplatten hervorgezaubert, – und Bajaderen tanzen die alten orientalischen Tänze.“ Die Berlinerin, den Fuchs um die Ohren, sagte zu ihrem Begleiter: „Sieh mal den süßen Neger.“ Lebendig, in heimischer Tracht, bringt er Mokka.

Bolschewismus, die große Mode.

„Einen wunderschönen Anzug haben Sie an, ist wohl noch Friedensware?"

„Ja, aus 'm Eisenbahnabteil rausgeschnitten!"

War unten Scheherazade, so oben ein Ballsaal mit Palmen aus Spiegelglas. Um elf Uhr olle ehrliche Revue. Fleisch und Gymnastik. Ein Herr schlägt Krach: „Jrossartig, man bezahlt Essen und 'ne Flasche Wein und sieht nischt wie Zaungäste. Zum Donnerwetter, Geschäftsführer her, ich will was sehen für mein Geld." Ohne Panorama zu erkennen, daß wir in Berlin sind. Plötzlich tritt ein Mensch aufs Parkett, ein Weib, eine Frau, Fleisch und Blut von dieser Stadt, mitten in Berlin eine Berlinerin: Trude Hesterberg.

Über Firdusi und Zuckmayer zum Ausgang. Ohne Panorama von Venedig, ohne Gondel und Makkaroni bleibt die Chose unvollständig. Unerfüllte Sehnsucht nach Santa Lucia im Herzen, verließen wir „Haus Vaterland, Gaststätten, G. m. b. H., Betrieb Kempinski" mit der Devise: „Keine Minute ohne Musik" und betraten den stillen, behaglichen Potsdamer Platz.

Warum durfte Wilhelm der Zweite dies nicht erleben?

BERNARD VON BRENTANO

Strand von Berlin

Für den Armen ist alles teuer. Schwerer muß er alles erkaufen; eine doppelte Arbeit erst ergibt ihm ein halbes Vergnügen. Die Vorortbahnen, die aus der Stadt und in die Natur fahren, sind überfüllt und heiß. Nach der ersten Station bereits könnten die Reisenden ihre Badetücher, die sie im Bündel verschnürt mit sich tragen, entfalten und sich abtrocknen. Schon sind sie naß und noch lange nicht im Bad. Doch der Zug fährt darum nicht schneller; langsam erklimmt er die zweite, die fünfte, die Zielstation: Nikolassee.

Hier beginnt die Natur. In Gestalt von Bäumen und sonderbaren sogenannten ländlichen Häusern. Doch noch lange nicht endet Berlin. Vor die Natur, zu der die Tausende täglich zurückwollen, die hier aussteigen, legt sich hemmend und mit einer Kraft, die nur Eifersucht sein kann, die Stadt. Sie wandert mit denen, die sie verlassen. Wie manche Körper dehnt sie sich aus, wenn es warm wird. Die Stadt aber ist der Mensch. Und immer geht hier der Mensch mit dem Menschen. Keinem kann es gelingen, allein zu sein. Diese demokratische Bewegung schafft zwangsläufig eine demokratische Mentalität. Nur die entgehen ihr, die sich enthalten. Sie sind es, die eine Welt nicht mehr verstehen, die sie verlassen haben.

Die Schutzleute, die sich die Stadt hier hält, sind die Händler. An ihren Wagen, Karren und Ständen vorbei beginnt ein kleines Spießrutenlaufen, querwaldein. Durch ihre Rufe hindurch geht jeder bloß, ehe er sich noch ausgezogen hat. Denn mit einer Sicherheit, die versöhnt, erkennen sie, was jedem fehlt, und sagen es ihm auf den Kopf. Unbarmherzig deuten sie auf die Stelle, wo uns das Lindenblatt klebt. Viele kaufen bei ihnen. Denn bald werden mehr Utensilien dazu nötig sein, um im Wasser zu baden, als um auffallend elegant auf der Tauentzienstraße spazierenzugehen. Die Händler wollten das so? Wir sind ja die Fabrikanten.

Nach solchem Weg durch den Wald, in dem jetzt Autos grasen wie ehedem Rehe, steht man am Rand einer Freitreppe, die weitgeschwungen zum See hinabführt. Das Wasser verwandelt die Landschaft. Berlin, die Stadt, der Lärm, die Hitze sind fort, als wären sie zurückgeblieben, und wenn man sich umschaut, sind sie auf einmal spurlos im Grünen verschwunden. Dampfer fahren den Ufern zu; Segler verschwinden hinter der Landzunge, die sich tief in das Wasser zieht. Die Natur, deren Geräusch nicht, deren Farbe die Stille ist, ist da, und zum ersten Mal sehe ich Pan, fern an den Baum gelehnt, wie er mich lachend anschaut.

Doch von unten herauf wächst ein surrender, brodelnder Lärm. Da ist Pan wieder weg, sein erstauntes Gesicht, und verschwunden die Stille. Als schöben einen die Sonnenstrahlen vorwärts, springt man die Treppe herunter und rasch unzähmbar erwacht eine Lust, sich zu entkleiden, Luft, Sonne, Wärme und Wasser zu spüren.

Tausende liegen am Strand; Männer, Frauen und Kinder. Von einer undefinierbaren Altersgrenze abwärts laufen die Kleinen nackt herum. Die Buben von Aussehen wie Amor, verschmitzt und listig; die Mädcheu ernster, mit dicken Bäuchlein, schon irgendwo erwachsen und mütterlich: Deutschland.

Die Ferienzeit (und die Hitze) bringt diesen Andrang. So nahe liegt das Reiseziel tausender Familien Berlins, das ihnen mehr als elf Monate des Jahres zu weit liegt. Morgens hinausfahrend, abends, wenn es dunkel geworden ist und kühl, zurückwandernd, bleiben sie mit allen Gedanken dort und mit den erstaunlichen Fragen der Kinder. Hier ist ihr Hotel, ihr Strand- und Badeleben. Manche haben, am liebsten an den Rändern des Strandes, sich Höhlen gegraben und Zelte darüber gespannt. Darunter liegen sie, essen und trinken, was der Rucksack hergibt, und die Kinder allein, die alle Augenblick, triefend wie kleine Bündel, vom Wasser heranhüpfen, erinnern daran, daß man im Freibad ist.

Eine Bewegung geht über den Strand, ein Gehen und Kommen, die aus der Einsamkeit sich erklärt. Zu Tausenden hier versammelt, ist doch jeder allein. Ein Bazar des Lebens ist diese Gemeinschaft, in dem Sonne und Wasser gehandelt wird.

Man entsinnt sich auf einmal, daß diese Einrichtung, das Freibad, erst durch die Revolution geschaffen wurde. Vor wenigen Jahren noch war alles, was hier lebt, hier verbannt, was man erblickt, verpönt, was man genießt, verboten. Erschrocken schaue ich mich um und sehe jetzt erst die Körper. Die Ängstlich-Sittlichen wußten das zu verhindern. Sie witterten eine Erotik darin, die allein in ihren Gedanken schlief. Sie wußten nicht, und keiner hätte es ihnen klarmachen können, daß dies alles hier das Ende einer Erotik ist, die sie fürchteten (und bewahrt haben wollten).

Ich sehe Arme und Beine. Blasse und braune Menschen, große und kleine Gestalten. An Tischen sitzend oder in Sand gescharrt, im Wasser spielend oder am Strande wandernd. Hingelagert, daß sich die Fußsohle bräunt, ein Mädchen über ein Buch gebeugt. In einer Gruppe von Männern stützen zwei einen dritten, der sich hart unter der Hüfte sein

Bein abschnallt, ehe er lachend ins Wasser springt.

Und wie von einer Trompete geweckt, schaut man hin und sieht die Wunden an vielen Körpern, Narben, in denen eine Hand Platz hat, verkümmerte Beine, zerschossene Schultern, alte, ernste Gesichter auf schmächtigen Gestalten. Welche Zeichen aus einem bürgerlichen Leben zu Anfang des 20. Jahrhunderts!

Gleichgültig ist hier der Mensch dem Menschen. Es weht eine Lust im Wind, der vom Wasser über den Sand streicht, die der Wollust feindlich ist. Die Nymphen, die ehedem an diesen Ufern und versteckt unter Büschen wohnten, sind an Land geschwommen und spazieren am Strand auf und ab; zahllos und schön, aber zahllos. Und alle Sehnsucht ist gestillt.

An diesen Ufern liegen, die vom Tag die Sonne lieben, und im Wasser springt, hochaufspritzend ein Ball. Der Weg hierher geht von der Arbeit zum Spiel; vom einfenstrigen, engen Raum, vom Hinterhof oder Pult in die Weite, zu Luft und Licht. Von der Taschenuhr, die unerbittlich ist, zu dem langsam aufziehenden Abend, der dem noch eine halbe, jenem noch eine Stunde erlaubt. Hat sie geschlagen, ist es aber immer noch nicht zu spät.

TOPAS

Wie vor 20 Jahren

Hochbetrieb in den Zelten

Sie sehnen die gute, alte Zeit herbei? Wie? Sie kehrt niemals wieder? Gehen Sie einmal in die Zelten, so von fünf Uhr an, Sie werden gleich von alter Musik empfangen werden. In dieser einzigen Straße Berlins, die nur dem Vergnügen der Einwohner dient, hat sich seit einem Menschenalter nichts geändert. Man liebt dort noch die alte türkische Blechmusik mit Piston, Trompeten, Waldhorn, Klarinetten bis Baßflügelhorn, mit gewaltigen Trommelwirbeln, Tschinellenschlägen, Paukendonnern und Posaunenstößen, wie es Mars seit Jericho in den Partituren der Kapellen seiner Heerscharen vorschreibt. Ich habe vor zwanzig Jahren In den Zelten öfters als Rollschuhläufer zu tun gehabt und mußte wegen der Musik immer meine Beine stark bremsen. Es war schon damals durch den Korso des Zivils und des bunten Militärs vom Feldwebel abwärts und der promenierenden Mädchen kaum vom ersten Zelt bis zum dritten im Schneckentempo hindurchzurollen. Aber sonst ist alles beim alten geblieben; an dem Halteplatz für sechs Pferdedroschken stehen die sechs Gespanne vollzählig. Im ersten Zelt schmettert die Kapelle der ehemaligen Gardeulanen in der alten Uniform und alter Frische den „Hohenfriedberger“ und zwei Zelte weiter das scharlachrote Musikkorps der Potsdamer Leibhusaren. Zwischen den Schlachtmusikern spielen Jazzbands, um auch der Gegenwart gerecht zu werden, die letzten Schlager der Saison. Das Publikum an den Biertischen ist ganz textsicher; bei der Militärmusik aus Tradition, bei den neuen Schlagern hat der Rundfunk dafür gesorgt. Nach jeder Programmnummer erbeben die Zelte unter dem Applaus.

Draußen auf den Bürgersteigen und den Promenaden schwillt der Korso in den Abenstunden zu einer beängstigenden Menschenflut an. Wenn die Musik einsetzt – und hört nie auf –, stehen dicke Menschenmauern still. Es sind Tausende Arbeitslose, durch die Not zu Zaungästen verurteilt. Zu Fuß und auf Fahrrädern schwärmen sie zur Abendzeit herbei, um stehend die Musik anzuhören. Sie tragen fast alle, diese jungen Burschen, Abzeichen auf der Brust, die an anderen Orten blutige Köpfe fordern. In den Zelten herrscht Burgfrieden bei Schlachtmusik. Man begnügt sich mit dem Austausch von höhnischen Blicken von Knopfloch zu Knopfloch.

Jenseits der Konzertgärten kann man im Spreezelt schon für einen Groschen Kavalier spielen. Von der Eiswaffel an kostet der Genuß aller Attraktionen und Erfrischungen zehn Pfennig. Und die jungen Mädchen lassen sich für diesen Preis frische Abendluft auf dem Karussell um die Ohren blasen. Für zehn Pfennig gibt es drei Lose am Glücksrad; neunmal kann man dafür gewinnen, eine große dicke Wurst sogar.

Ein ganzes Varietéprogramm gibts zum selben Einheitspreis, inklusive „Blondes Gift". Es ist eine Pantomime gegen den internationalen Mädchenhandel in fünf Bildern: Zwei Mädchen, so nackt, wie es die Zensur erlaubt, stellen mit ihren Körpern die Leiden der deutschen Tanzmädchen in Südamerika dar, und ein Erklärer spricht die warnenden Worte an die jungen Mädchen und Eltern im Publikum dazu.

Nebenan hört man ein jämmerliches Geschrei. Ein Mädchen, um das vor einer halben Stunde ein Gaukler Schwerter warf, ohne sie zu treffen, trifft jetzt jeder Faustschlag des erzürnten Meisters. Warum schlägt er sie? Sie saß vor der Vorstellung an der Kasse – es fehlt eine Mark. Für das Manko muß sie jetzt büßen. Ein Bursche sammelt für sie in der Mütze. Schon ist die Mark da. Sie wischt die Tränen von den Augen - sie lacht schon und vertraut uns das Geheimnis von der Mark. Die Mark fehlte gar nicht. Sie hat aber seit vierzehn Tagen keine Gage erhalten und brauchte so dringend – eine Mark. Jetzt hat sie zwei, wie fühlt sie sich reich!

ARNOLD HÖLLRIEGEL

Himmelfahrt gratis

Berliner Rolltreppen

Es gibt in Berlin die verschiedensten Arten, sich der schönen Welt zu erfreuen. Zum Beispiel: man stellt sich in einem Warenhaus oder auf einer modernen Bahnstation so auf, daß man die Rolltreppe gut sehen kann. Dort bleibt man dann stehen und sieht immer und immer zu, und die Welt ist schön.

Der Mensch, der eine Rolltreppe betritt, der normale

durchschnittliche Warenhaus- und Ringbahn-Mensch, hört in diesem Augenblick auf, gleichgültig und öde zu sein. Den ersten Schritt auf die erste bewegliche Stufe empfindet jeder als ein kleines Wagnis. Gleich scheiden sich die Temperamente. Die Leute machen ängstliche oder vergnügte Gesichter, während sie das Schrittchen tun. So, jetzt stehen sie auf der automatischen Himmelsleiter. Die unheilbar Ungeschickten, wie ich zum Beispiel, sind ohne Fehl auf eben die Stelle getreten, wo in der nächsten Sekunde die Kante der erst noch flachen Stufe emporklappen wird, und kriegen dann einen Stoß in den Fuß und machen verdutzte Gesichter. So, jetzt stehen sie auch wieder fest – und lächeln glücklich.

*

Das ist so schön an Rolltreppen, daß alle Menschen auf ihnen lächeln. Man ist ja schließlich nicht auf dem Weg in den wirklichen Himmel – nur, sagen wir zum vierten Stock, Herrenartikel, Uhren, Schuhe, Erfrischungsraum. Aber man schwebt so empor, langsam würdevoll – und kann zwei Minuten nichts tun, als Mensch sein und lächeln. Am Ende der Treppe, oben, kommt der kleine Moment, da man wach sein muß, aufmerksam, zur richtigen Zeit jenen Schritt tun, der von der rollenden Treppe zum festen Boden führt; paßt man nicht auf, dann - -

(Ja, was? Seit Jahren und Jahren plane ich schon, einmal stehenzubleiben, im kritischen Augenblick diesen Schritt nicht zu tun, nur weil ich endlich erfahren möchte, was dann passiert. Aber jedesmal, wenn der Augenblick kommt, verläßt mich der Heldenmut.)

*

Menschen auf dieser rollenden Treppe, einer über dem andern, jeder mit seinem eigenen Lächeln – sie alle posieren so wunderbar. Ein jeder paßt mächtig auf, und keiner zeigt es. Keiner kann an etwas Dummes oder Gescheites denken, jeder ist ganz im Augenblick und bei sich - -

Und, natürlich, die Frauen wissen, daß man sie sieht, von unten, von oben, wie ihre lächelnden Köpfe da schweben, höher, höher. Apotheose am Ende der Pantomime. Chor der Engel auf der beleuchteten Himmelleiter. Exzelsior!

Da sind die Kinder, für die das ganze Warenhaus, mitsamt der Spielwarenausstellung, Weihnachtsmann und dergleichen nur ein Vorwand für das schöne Spiel auf der Rolltreppe ist. Ich habe – in dem einen Berliner Warenhaus, in dem man auch abwärts auf Rolltreppen fahren kann – einem Jungen stundenlang zugesehen, der nichts tat, als Rolltreppe fahren, hinauf, hinunter. Die Allerkleinsten haben ein bißchen Angst, die Mutter hebt sie auf die unterste Stufe; dann stehen sie da und dieses Wunder beginnt, dieses Geheimnisvolle: daß eine Stiege von selbst steigt. (Vor dreißig Jahren stand so was im Märchenbuch.) Während alle Erwachsenen fast immer lächeln, sehen die Kinder oft ernst drein; fömlich fromm: Lieber Gott, mach', daß die Rolltreppe niemals aufhört, bis ich in den Himmel komm'!

Ganz alte Leute lächeln manchmal auch nicht; sie haben eine Angst vor dem kurzen Schritt ins Unbekannte, der oben kommt, am Ende der Himmelfahrt.

*

Einmal, neulich, stand ich auf so einer Treppe, als sie plötzlich aufhörte zu rollen. Eine augenblickliche Störung. Man mußte die wenigen Stufen mit seinen ganz gewöhnlichen Beinen zu Ende steigen. In solchen Momenten, wenn die feine Zivilisation einmal nicht mehr funktioniert, fühlt man sich so hilflos, auf einmal verraten! Es ist, plötzlich, so eine Zumutung, daß eine Treppe nicht selber steigen will!

Das, nur das vielleicht, ist das Neue und Wesentliche an dieser ganz neuen Zivilisation, die wir haben. Warenhäuser mit vielen Geschossen hat es im alten Rom auch schon gegeben; man hat neulich eins ausgegraben. Hohe Häuser, Wolkenkratzer – ich kenne im Canon de los Frijoles, New Mexiko, eine prähistorische Siedlung von indianischen Klippenbewohnern, die übereinander in zahllosen Stockwerken wohnten; auf unsympathischen Leitern, senkrecht am Felsen bin ich selbst hinaufgeklettert, von Stock zu Stock; es war furchtbar.

Der Aufzug, die rollende Treppe, das Auto, das Flugzeug, das Radio, alles, was dem menschlichen Körper die Last der Distanzen abnimmt, das und nur das, ist der neue Fortschritt.

*

Merkwürdig ist mir eins: der Berliner hatte auf den alten Treppen, den still beständigen, eine besondere Hast. In all den Jahren habe ich über die Leute in der Stadtbahn gelacht. Sie kommen ganz langsam, gemütlich zur Kasse, stehen herum, kaufen die Abendzeitung, lesen ein bißchen, plaudern, – alles, solange sie hübsch in der Ebene sind, wo man eilen könnte. Aber sobald sie die Treppe betreten, beginnt die Eile, und sie fangen zu rennen an, weil ein jeder fürchtet, oben könnte gerade ein Zug stehen. Eine wahre Treppenpsychose erfaßt sie. Sie keuchen, die Zungen hängen heraus, die Lungen rasseln, die Fettherzen pumpern. Der gleiche dickliche Herr und die ältere Dame, die eben noch furchtbar viel Zeit gehabt haben, beginnen Treppe zu rennen, wie nicht gescheit.

Aber, seitdem es, hier oder dort, noch nicht häufig, auf Berliner Bahnhöfen Rolltreppen gibt, ist alles anders.

In London, wo in den „Tube"-Stationen diese Treppen schon lange die Regel sind, bleibt fast niemand auf der Rolltreppe stehen. Die Leute rennen zwar nicht, fällt ihnen nicht ein, aber sie lassen sich auch nicht ganz einfach fahren, das heißt, nicht die jungen aktiven Menschen. Die Treppen sind breit genug, daß die mehr Bequemen und Älteren am Rande stehenbleiben können, bis sie der Mechanismus hinaufbefördert hat, – während die anderen, langsam aber energisch, von Stufe zu Stufe schreiten, zugleich fahrend und gehend, und so viel schneller emporgelangen. Eine von den vierzehn Rolltreppen unter Piccadilly-Zirkus, auf denen ein Londoner täglich mindestens einmal zu finden ist, ist ein Ort der hallenden, klappernden Schritte. In Berlin ist um diese Treppen die Stille des Märchenzaubers und wenige wagen, sich nur zu rühren.

(Nur einmal rannte einer, ein Junge. Er ging die aufwärtssteigende Rolltreppe rasch hinab. Es muß schwer sein, aber man kann es machen.)

*

Die Sache ist den Berlinern noch neu, noch nicht selbstverständlich. So ein Berliner Mädel, auf der Rolltreppe fahrend, hält sich, denkt sie, möglichst graziös, schließt die Augen ein wenig, lächelt; das Köpfchen und auch die seidenen Strümpfe kommen so gut zu Geltung: das ewig Weibliche hebt sich hinan. Ein unbestimmtes Gefühl von Schweben und Fliegen ist immer vorhanden. Im Lunapark zahlt man auf Wackeltreppen Entres, im Warenhaus hat man die Wonne gratis.

*

Das Treppensteigen ist unter allen Künsten weiblicher Anmut bisher die schwerste gewesen. Ziegfeld in New-York, der Beherrscher des schönsten Frauenchorus der Erde, hält sich jederzeit acht Mädchen, die herrlichsten, schlanksten, von verschiedenen Rassen, eigens dazu, damit sie in den Revuen der Ziegfeld-Folies auf großen Freitreppen steigen und tiefer kommen mit Fächern in ihren Händen oder mächtige Schleppen kunstvoll regierend. - -

Und Jessner! – Ein künftiger Jessner, der tragische Helden und Heldinnen auf mechanischen Rolltreppen anordnen wird, der wird's leichter haben. Auf einer Rolltreppe muß man nur lächeln können. Noch ein paar Jahre und alle menschliche Schönheit wird fahrbar und alle Anmut mechanisch.

*

Diese neue Art, zu gehen und doch nicht zu gehen, auf seinen Beinen geschoben zu werden, wird meist noch als Spaß empfunden. Oh, wie ernst dieser Spaß ist! Die Menschen am laufenden Band, vollends zum Teil eines großen Motors geworden! Nicht einmal unsere Beine sind mehr die unseren.

Heute die Stadtbahntreppe und morgen das Trottoir auf der Straße: amerikanische Stadtbaumeister (die meistens verflucht rasch solche phantastischen Pläne alltäglich machen) sprechen schon von neuen, mechanisch gleitenden Straßen, auf denen der Gehsteig ein rollendes Trottoir werden wird! Wir werden gehen wie die Puppen auf einer von jenen Uhren, aus denen Apostel oder Könige kommen, mit mechanischen Köpfen nicken, und wieder fortgehen, sie selber ahnen gar nicht, weswegen. - -

*

Und Jakob träumte: eine Leiter ruhte auf der Erde, und ihre Spitze erreichte den Himmel. - -

Der Urvater träumte nicht von einem verborgenen Uhrwerk.

Uns aber tragen verzauberte Stufen – bis zur Dachterrasse.

EO PEJUS [D. I. ERICH KÄSTNER]

Sechstagerennen

Ich gehöre zu den ausgesprochen kontemplativen Naturen.

Wenn ich z. B. Mittag esse, lese ich in den Sportnachrichten ... Kann es etwas Ergreifenderes geben, als zwischen Bratwurst und Sauerkraut zu erfahren, daß Dempsey bis „Neun!“ liegen blieb, dann aber katzenhaft hochsprang und seinen Gegner Firpo, trotz dessen prächtiger Härte im Nehmen, schließlich doch durch einen linken Haken zwischen die Seile schickte und ihn dort ohne wesentliche Brüche und ohne Bewußtsein zurückließ?

Aber eines geht mir über alles! Das Sechstagerennen. – Ich habe noch nie eines gesehen ... Doch das ist der Phantasie nur zuträglich. Das heißt: In Georg Kaisers „*Von morgens bis mitternachts*" kommt, im vorletzten Akt, ein Sechstagerennen vor. Das kenne ich. Aber das Schauspiel dauert, Gott sei Dank, nicht annähernd so lange ...

Jedoch in der Wirklichkeit, also in *Berlin*, fahren diese Menschen wahrhaftig sechs Tage Rad! Man muß sich das einmal richtig klargemacht haben! Tag und Nacht! Sechsmal! Gewiß, sie lösen einander ab. Aber das tut auch nötig! – Sechs Tage. Sechs Nächte. Unentwegt ... Manchmal meine ich, davon müßte man unbedingt Gehirnschäden erleiden. Und dann wieder sage ich mir: Wer so etwas mitmacht, der müßte bereits beim Unterschreiben des Kontrakts ... Anderseits: Die widernatürlichsten Leistungen nötigen bekanntlich die größte Hochachtung ab.

Eine ganze Woche fahren diese merkwürdigen Leute Rad ... Ich habe in dieser Zeit 30 Mark verdient. Und 40 davon ausgegeben. Habe eine Premiere gesehen. War zweimal leicht angesäuselt. Und einmal weniger leicht. Die Katze meiner Wirtin hat Kinder gekriegt. Mein Freund Geburtstag gehabt! Und diese merkwürdigen Leute fahren noch immer Rad ...

Ich habe mir inzwischen meine braunen Halbschuhe besohlen lassen. Habe drei frische Kragen umgebunden. Sechs Pfund Brot gegessen. Mir zwölfmal die Zähne geputzt! Und diese merkwürdigen Leute fahren noch immer Rad ...

Dann hab' ich viermal zu Mittag gegessen. (Nachher war

das Geld endgültig vorbei.) Und jedesmal hab' ich die *letzten Berliner Meldungen* gelesen: ... Vorstoß von Bauer-Krupkat ... Die Amerikaner rücken nachts 2 Uhr plötzlich unhaltbar auf ... Tietz hat 25 Flaschen Kognak gewonnen ... Stellbrink zwei Fahrräder ... Saldow-Lorenz führen noch immer ...

Ich finde das wirklich unerhört anregend. Aber am herrlichsten wäre es doch, wenn ich nach dem sechsten Tage die Herren Rennfahrer ansehen dürfte ... Das wäre mein sehnlichster Wunsch!

Den einen würde ich fragen, wieviel sieben mit dreizehn multipliziert ergibt. Und einen anderen: Ob er seinen Vornamen noch auswendig wüßte. Und den Sieger: Ob er mir nicht von seinem Gewinn tausend Mark leihen wollte ...

Ich glaube, sie würden alle verkehrte Antworten geben.

Sogar der Sieger ...

ALFRED POLGAR

Sechstagerennen

Über die Psyche des Sechstagerenners wissen wir wenig. Da tappen wir ganz im dunkeln.

Was geht vor in der Seele des unseligen Mannes, der, Planet geworden, eine Ewigkeit von sechs Tagen und sechs Nächten lang, immer wieder und wieder die vorgeschriebene gleiche Reise rundum tut? Wie vertreibt er sich die Zeit? Denkt er an sein fernes oder nahes Lieb? Klammert sich sein schwankendes Gefühl an den Rhythmus der Fahrt, wie das des gelangweilten Eisenbahnreisenden an den Rhythmus des Zuges? Ist ihm bitter zumute, philosophisch oder gar nicht? Wenn die Rufe der Zuschauer ihn hetzen, gibt sein Herz stumm die einzig passende volkstümlich-rauhe Antwort, oder murmeln seine Lippen sie in artikulierten Worten vor sich hin? Glaubt er, von überhöhter Kurve auf seinem Rade waagrecht in den Raum hängend, mit unerschütterlicher Frömmigkeit an die Zentrifugalkraft? Verwirren sich ihm nicht die Tage und Tageszeiten? Ach, indes er etwa „heute!“ fühlt, ist es schon morgen oder noch gestern, und ohne daß er es merkte, wird Tag von Nacht, Nacht vom Tage überrundet.

Drei Stunden Schlaf, alle vierundzwanzig Stunden einmal, sind ihm vergönnt. Von dieser kärglichen Schlafgebühr kommt noch, ähnlich wie von der Gage Steuer und Krankenkasse, etliches in Abzug: die Zeit fürs Rasieren (keinem der Fahrer ist am Schluß der sechs Tage ein Bart gewachsen), für kleine und große Seite, für die Lektüre der wichtigsten Theaterkritiken und für derlei Kultur-Notwendigkeiten mehr, wie sie auch der schlichte Sechstagefahrer nur ungern missen mag. So recht erquickend dürfte der kurze Schlaf wohl nicht sein, denn indes der Körper ruht, windet der Geist, welcher nicht so leicht abzustoppen ist, gewiß unablässig weiter die furchtbare Ellipse, bzw. deren spirituelle Spur unterm Schädeldach.

Es wurde beobachtet, daß zuweilen Sechstagefahrer, während sie die Bahn dahineilen, auf ihrer Maschine schlafen. Schlafen, vielleicht auch träumen! Deshalb vermutlich, weil sie träumen, füllen sie im Schlaf nicht hinunter vom Rad ...

denn was anders könnten sie wohl träumen, als daß sie auf dem Rade sitzen und Sechstagerennen fahren? Hier fließen wirkliche Welt und die Gaukelbilder von ihr, wie der Schlaf sie heraufbeschwört, in eins zusammen, und auf besonders signifikante Art erweist sich die Richtigkeit der wiederholt geäußerten Vermutung, daß das Leben ein Traum sei (Calderón), sowie auch umgekehrt (Grillparzer).

Für Speise und Trank verwenden Sechstagefahrer nur wenige Sekunden ihrer kostbaren Zeit. Sie nähren sich hauptsächlich von weichen Eiern, Volksgunst und sogenannten Punkten. Getränke werden ihnen von eigens hierzu bestellten Helfern während der Fahrt gereicht, in schmalen, metallischen Hohlzylindern, welche die Dahinjagenden, nachdem sie getrunken haben, trotz aller Hast und Erregung des Kampfes äußerst vorsichtig wegschleudern, achtend, keinen der Helfer auf den Kopf zu treffen. Ein Beweis, daß der selbstverständlichen Rauheit des Sportsmanns auch Zartgefühl ganz gut sich verbinden kann.

Nicht viel Geld vermutlich, aber dreieinhalbtausend Kilometer legen die Männer solches Sechstagerennens zurück. Ein weiter Weg! Umsäumt von den Charakterköpfen der Zuschauer, unter denen sich auch prominente Dichter und Schauspieler befinden, bietet er wenig landschaftliche Reize. Ist es schon erstaunlich, daß Menschen es aushalten, stundenlang dazusitzen und dem obstinaten Herumfahren der Radler zuzusehen ... was soll man erst zu der Unempfindlichkeit und Zähigkeit dieser Radler sagen, die immer wieder, viele hundert Male in der Stunde, vor denselben Gesichtern, unter denen sich, wie gesagt, oft auch prominente Antlitze befinden, vorbei müssen? Ist es da ein Wunder, daß selbst diese Kaltblütigen gelegentlich in Raserei verfallen und, als hetzte sie die Furie, dahinjagen? Sie tun das nicht, wie man uns einreden will, um die Konkurrenten zu überholen, sondern im hoffnungslosen Bemühen, den Anblick der Zuschauer loszuwerden.

Das Sechstagerennen mit dem Leben zu vergleichen, wird auch der Mindergebildete nicht umhin können. Die Ähnlichkeit zwischen beiden springt so heftig in die Augen, daß man diese schon krampfhaft schließen müßte, um jene nicht zu merken. Allerdings ist und geschieht kaum irgend etwas auf Erden, von dem nicht zu sagen wäre, das Leben sei wie es oder es sei wie das Leben, welches ja auch eben dieser seiner unvergleichlichen Vergleichbarkeit die hervorragende Rolle dankt, die es in der Literatur spielt.

RUTH LANDSHOFF-YORCK

Das neue Auto

Ich dachte früher immer, das „neue“ habe nur einen Zweck zu erfüllen, nämlich den: in die Garage zu fahren, um dem „alten“ einen Besuch zu machen. Ich stellte mir vor, daß das alte verbeult, vernachlässigt und etwas beleidigt dort stehen würde, untröstlich darüber, nicht mehr in meinem Besitz zu sein. Statt dessen ist es verkauft worden – irgendein fremder

Herr, der gar nicht über das außergewöhnliche Innenleben des „alten" Bescheid weiß, hat ihm eine diskrete männliche Farbe gegeben und benutzt es zwecksüchtig, ohne besonders auf es einzugehen. Wie wird das arme meine individuelle, liebend zarte Behandlung vermissen; von den Küssen auf seine blanke Kühlernase gar nicht zu reden.

Das „neue" hat vorläufig, ehe es fertig ist, den Zweck, daß man herabsetzend von ihm spricht. „Ihr neuer Wagen soll ja ganz verrückt werden." Verrückt, diese Laien; er wird natürlich d e r Wagen. Schon, weil er mein Wagen sein wird – sechs Zylinder wird er haben – unerhört viel für meine Begriffe – und einen silbernen Adler auf der Kühlerverschraubung.

„Aber er soll ja mit farbigem Stoff bezogen werden – schrecklich." Ach, Sie leben noch, Herr Fachmann, sage ich mit gerunzelten Brauen. Ich dachte, die Fürstin Lichnowsky habe Sie längst kalt gemacht. Die Sitze meines Wagens werden nämlich wirklich mit Stoff bezogen – mit edelgemusterten Cretonne, waschbar, wegen der Hunde. „So, wegen der Hunde so viel Anstrengung?" Ja, das gebe ich zu. Aber wegen mancher Menschen habe ich mir eine gemacht; nämlich, ich habe mich auf knappe vier Sitze beschränkt. Davon sind zwei für die Terriere und einer für mich. „So – und der letzte ist wohl fürs sweetheart?"

Nein, Sweetheart ist zu wenig, ich bin sehr bestimmt in dieser Beziehung. Die Sweethearts haben ihre eigenen Autos zu haben; der letzte Sitz hat eine andere Bestimmung. Das ist mein Wunschtraumsitz – mein Sehnsuchtssitz. Wer wird zuerst auf diesem Platz von mir gefahren werden – rechts vom Steuer? Ach, hoffentlich ein Wunder, einer, der so entzückende Dinge sagt, daß er mich schrecklich beim Fahren stört. Einer, der eine bezaubernde Art hat, die Winker zu bedienen, einer, der so wenig vom Fahren versteht, daß er mir versichert, daß ich ein herrlicher Schofför sei – einer, der die Hunde auf dem Rücksitz beruhigen kann und eine Vorliebe für Cretonnebezüge hat: kurz – mein Ideal.

VICKI BAUM

Quartett unter der Verkehrsampel

Gelbes Licht – Achtung!

Der Straßenkreuzung nähert sich ein überfüllter Autobus Nummer 12, altes Modell, ganz ohne Federung und in allen Gängen rasselnd; neben ihm eine 80-PS-Limusine, Luxuskarosserie, Schofför in Leder, silberne Schwingen auf dem Kühlerknopf. Es ist Sonnabend, neun Uhr vierunddreißig, qualmige, blitzhell erleuchtete Dunkelheit in der Stadt, und alle Welt ist unterwegs, vom Vergnügen, zum Vergnügen.

Auf der Plattform des Autobus stehen ineinandergekeilt und sehr glücklich der Student der Technischen Hochschule Reinhold Pfister und die Sekretärin (Abitur, Englisch perfekt) Annemarie Weiland. Beide haben die Magerkeit und den Augenglanz der Jugend, er ist blond, sie brombeerschwarz, er hutlos, sie mit roter Baskenmütze, er sechs Zentimeter größer als sie und beide gleich ineinander verliebt. Sie kommen von einem Ausflug und sind auf dem Weg nach Reinholds sturmfreier Bude, und alles ist ausnehmend richtig mit ihnen.

In der Limusine sitzen der Bankdirektor Arthur Eden und seine Frau Florence, auch diese beiden sind schlank, denn man trainiert und hält sich. Er hat das glatte, kokett silberne Haar des gepflegten Vierzigers und einen gescheiten und humoristischen Zug unter den Augen; sie, Florence, ist eine schöne Frau mit Hennahaar, in schwarzem Panne und mit ein bißchen vorteilhaftem Blaufuchs um Kinn und Nacken. Herr Eden und Frau sind seit zwölf Jahren glücklich und problemlos verheiratet, Eltern zweier Kinder, sie kommen aus ihrer hübschen Villa und fahren zu einer Cocktail-Party. Auch hier ist alles in Ordnung, und Herr Eden streichelt sogar insgeheim den parfümierten Handschuh, in dem sich die Hand seiner Frau befindet.

Rotes Licht – Halt!

Autobus und Limusine stehen nebeneinander vor der Kreuzung. Es ist eine langweilige halbe Minute. Aus der Limusine schaut man zum Autobus hinüber; aus dem Autobus schaut man zur Limusine hinein. Man sieht sich verwischt, eingehüllt in die Abendlichter der Reklamen und Bogenlampen.

Und obwohl allerseits alles richtig und in Ordnung und vollkommen glücklich ist, begibt sich sogleich folgendes, sprechen sogleich Blicke, beginnt ein Quartett von Gedanken, dreißig Sekunden lang.

Der Student: Schöne Frau, wunderschöne fremde Frau im Auto, ja du, dich meine ich – du bist es, die man sich immer wünscht. Mit dir – ich mit dir – dein Frauengesicht, dein

„Donnerwetter, Fräulein, macht Ihre Schleppe aber einen Staub!“

Parfüm, deine Perlen, deine Hände – ganz reif alles, ohne Kanten, süß wie Ananas – ich habe noch nie Ananas gegessen – komm, willst du –?

Und die Frau des Bankdirektors: Ja, sag es nur, Junge auf dem Autobus, ich verstehe dich, kleiner, junger Junge. Ich würde sehr gut zu dir sein – bist du arm? Sicher hast du die Haut so weich und locker an deinen Schläfen wie ganz junge Tiere. Ich streichle dich, siehst du, jetzt streichle ich dich. Du bist ganz anders als alles, was ich habe. Alles, was ich habe, freut mich nicht sehr, aber du – jetzt habe ich ein wenig Hunger nach dir, kleiner Junge –

Und der Bankdirektor: Fräulein, wie wär's mit uns? Sie sind so zierlich – was wünschen Sie sich? Eine Kette aus Onyx? Eidechsenschuhe? Nicht wahr, Sie sind nie müde, kleines Fräulein? Bei Ihnen müßte man ausspannen, jünger werden, dümmer werden. Den Verstand verlieren. Ich könnte bei deinen siebzehn Jahren den Verstand verlieren, kleines Mädchen mit der neugierigen Nase. Wie dein Mund offen ist – was meinst du, meinst du mich? Wie –?

Und die kleine Sekretärin: Es ist nicht wahr, daß reiche Herren häßlich sind. Der Herr sieht gut aus, sehr gut. Es muß sehr sicher bei ihm sein. Ich möchte es gut haben. Hörst du, Mann im Auto, ich möchte es gut haben bei dir. Du gefällst mir, du gefällst mir sehr, besser als – ich möchte mit dir reisen; sicher riechen deine Koffer nach Juchten und deine Taschentücher nach Lavendel und deine Zigaretten nach England. Weißt du, daß du wie der Herr im Film aussiehst, den ich vorige Woche sah? Schau mich noch an – so –

Gelbes Licht – Achtung!

Na also, sagen alle vier und erwachen, der Bankdirektor nimmt den Handschuh seiner Frau und der Student den Arm seines Mädchens, und die Ventile von Limusine und Autobus beginnen schon wieder Gas in die Zylinder zu saugen.

Grünes Licht – Los!

Der vierfache Treubruch einer halben Minute ist vorüber.

Menschen sind doch etwas Merkwürdiges.

WALTER HASENCLEVER

Tageskino

Berlin wird eine Sehenswürdigkeit. Ich kannte es vor zwanzig Jahren, als die lichtdurchflutete Friedrichstadt den Lebenshungrigen verschlang. Hier waren die ersten Kämpfe, die ersten Entscheidungen. Kurt Hiller ließ im Kabarett „Gnu" die jungen Dichter auftreten. Vor schwarzen Vorhängen las Werfel seine frühen Gedichte; die Lasker-Schüler, verzaubert als Prinz von Theben, sprach zwischen bewegten Kerzen. Im damaligen Café des Westens lasen wir stolz und zukunftsgewiß die ersten Verrisse. Es war eine schöne Zeit.

Ich kannte Berlin im Krieg. Die Butterkarte wurde zum Heldengedicht. Für zwei Eier konnte man eine Luxusausgabe eintauschen. Wer, als gemeiner Soldat verkleidet, über die Tauentzienstraße ging, wurde angehalten, weil er unvorschriftsmäßige Handschuhe trug. Das war die große Zeit.

Ich kannte Berlin in der Revolution. Liebknechts Rückkehr, Verschwörung im Salon Cassirer, Spielklubs, Straßengefechte, Kokainrausch.

Ich kannte es in der Inflation, als man für einen Dollar die Siegesallee kaufen konnte. Aber keiner wollte sie haben. Deshalb steht sie heute noch da.

Seitdem ist Berlin eine Stadt geworden. Die Schutzleute wurden höflich und die Frauen elegant. Ein rapider Umwandlungsprozeß begann panikartig. Das Telephon zertrümmerte den Rest unfreiwilliger Sentimentalität. Am Kurfürstendamm ging das Sternenbanner auf.

Ich lebe seit Jahren in Paris, habe manches erzählt, was mir dort sehr gefallen hat. Aber wenn ich drei Monate die sanfte Luft der Boulevards geatmet habe, wo die Männer noch Zeit haben, die Frauen zu lieben, bekomme ich plötzlich Sehnsucht nach Berlin. Ich weiß nicht, warum. Ich möchte auf der Brücke in Halensee stehen, die grünen Vorortbäume sehen, den Lindenduft im Grunewald atmen, am Alexanderplatz Zeitungen lesen. Ich möchte durch märkische Wälder fahren, nachts auf dem Wannsee rudern, im Wellenbad familiär sein. Ich möchte fünfzigmal am Tage angerufen werden und keine Nacht schlafen. Schlagt mich tot. Ich liebe Berlin.

Heute war ich in einem Tageskino. Das gibt es. Am Stettiner Bahnhof. Beginn 10 Uhr 30. Parkett kostet 60 Pfennige.

Wer geht, fragen Sie, frühmorgens ins Kino? Wissen Sie etwas vom Stettiner Bahnhof? Natürlich, Sie kennen den Gare du Nord. Begeistert lesen Sie, was der Feuilletonist von fremden Städten berichtet. Kennen Sie eigentlich Berlin?

Invalidenstraße. Hier beginnt eine neue Stadt. Vielmehr es beginnt die alte. Berlin vor vierzig Jahren, überklebt mit modernen Emblemen. Da sind noch dieselben Kellerläden, die gleichen Hinterhöfe, und die nämlichen Frauen stehen an den Ecken. Sämtliche Absteigequartiere mit den Namen der deutschen Provinzstädte laden zum Vorübergehen ein. Eiswagen und Trödlergeschäfte. Mittendrin eine Pferdehandlung.

Wahrhaftig, ein schwindsüchtiger Leierkasten orgelt im Hof unter vergilbten Kastanien. Wäre nicht gegenüber ein Radiogeschäft, schiene die Sonne nicht gleichzeitig auf Autos und Stehbierhallen, die einem vergangenen Jahrhundert angehören, man könnte glauben, diese Straßen haben die Zeit verschlafen.

Tageskino. Wer rettet sich um elf Uhr morgens in den Scheintod eines Filmromans? Da sitzen Arbeitslose und Eisenbahnbeamte, Ferienschüler, Obdachlose und Straßenmädchen in billiger Seide. Da tönt Musik, da hängen hungrige Augen an den zufallsreichen Einfällen der Filmindustrie, da wird das wahre Leben gekostet.

Der längliche Raum ist voll. Für sechzig Pfennige rollt auf der Leinwand die Welt vorüber, von der man nur sagen kann, daß sie nicht so ist. Dazu schluchzt die Geige: „Es muß ein Wunderbares sein ums Lieben zweier Seelen..."

Das muß es wohl. Um elf Uhr morgens. Aktschlüsse nahen, durch Gefühl gestreckt. Manchmal fällt durch den Vorhang ein Sonnenstrahl erbarmungslos auf die Leinwand. Und die Akteure, gespenstig erleuchtet von diesem Licht der Wirklichkeit, das ihr unwahrscheinliches Spiel durchkreuzt, treten einen Augenblick aus dem Reich des Honorars und der Schminke auf die Straße, wo das wahre Leben vorbeigeht ...

Einen Augenblick nur. Es wird wieder dunkel. Meine Nachbarin setzt ihren Hut auf. Der Stettiner Bahnhof, halb Festung, halb Gefängnis, brütet im Mittagsdunst. In Frühstücksstuben schillern Schinken und Sülze. Draußen donnert Berlin.

WOLFGANG KOEPPEN

Berlin – zwei Schritte abseits

Sehnsucht nach Kinoromantik führt eine Jugend zusammen

Unnötig ist es, zu sagen, daß die Potsdamer Straße eine große und angesehene Geschäftsstraße ist. Dasselbe gilt, in etwas beschränkterem Maße, auch von der Hauptstraße des sehr bürgerlichen Schöneberg. Dennoch werden beide, die Potsdamer an ihrem Ende, die Hauptstraße an ihrem Anfang, eine Strecke lang sehr eigenartig „unterweltlich". Das Licht der Laternen brennt matter. Der Läden werden weniger. Kaum jedes dritte Haus zeigt ein erleuchtetes Schaufenster. Dafür ist fast in jedem irgendein Ausschank zu finden. Große Bierhallen, Rauch erfüllte Destillen liegen neben rosa erleuchteten Barräumen, Eiskonditoreien, Kinos und zahllosen Hotelpensionen. Das geht so von der Bülowstraße bis hinunter zum Schlafsaal der Heilsarmee in der Hauptstraße.

Das erste der Gegend den Charakter und die besondere Atmosphäre gebende Zentrum ist der Sportpalast. Von der Front der Straße zurückgezogen, ist er jeden Abend grau, dunkel und geheimnisvoll, auch wenn die Scheinwerfer ihr Licht über die Kassenbuden in seinen Vorgarten werfen. Und immer, und nicht nur zu Zeiten politischer Versammlungen, ist er von jungen Burschen und doppelten Polizeiposten umlagert.

Interessanter noch aber ist der Platz, der weiter unten liegt, am Ende der Potsdamer, am Beginn der Hauptstraße. Er hat keinen Namen und ist nur zufällig, weil viele Straßen sich hier kreuzen, ein Platz geworden. Drei Dinge geben ihm, der ausgeliefert war den Launen vieler Häuserbauer, ein Gesicht: eine Reihe von Herrenkonfektionsgeschäften, der Vergnügungspark an der Ecke der Grunewaldstraße und viel junges Volk, das ihn am Abend in Begleitung vieler Fahrräder bevölkert. Ursprung und Anziehungs- wie Mittelpunkt dieses Rendezvousplatzes ist natürlich der Vergnügungspark.

Die ideale Räuberbraut

Berlin besitzt viele Rummelplätze. Auf einem aus irgendeinem Grunde unbebauten Grundstück sind schnell ein paar Buden errichtet. Im Osten, im Norden, am Wedding kann man sie finden. Abends besuchen die Anwohner sie. Es ist ihr Lunapark, ihre billige Amüsierstätte. Der Platz in Schöneberg wird nicht von den Anwohnern besucht. Er steht in keinem guten Ruf. Er ist tabu. Eltern verbieten ihren Kindern, ihn

Faust (Schmidt) Mephisto (Krenn) Gretchen (Perras)

(Faust, den Kerker aufschließend) . . . Sie ahnet nicht, daß der Geliebte lauscht . . .

weh, weh sie kommen bitterer Tod . . .

zu besuchen. Die Kinder aber schleichen sich heimlich hin, denn dieser Platz ist ihr eigenstes Abenteuer, die romantische Kulisse ihrer Pubertätssehnsüchte, ein Tom Mix- und Harry Piel-Naturschutzpark, den sie (in Opposition gegen jegliche Autorität) besuchen, nicht, um sich zu amüsieren, sondern, um sich kühn und verworfen zu fühlen. Eines der kleinen Kinos rings um den Platz spielte vor wenigen Monaten den Drei-Groschen-Oper-Film unter dem Titel „Der Bandenführer von London". Es war ein Bombenerfolg; und jeder Junge ist seitdem ein Mackie Messer und jedes Mädchen eine Polly Peachum und Seeräuberjenny in einer Person.

Diesen Trieben kommen die Unternehmer des Platzes mit Dunkelheit und vielen Verbotstafeln entgegen. Es ist nicht leicht, ein Held der Unterwelt, noch weniger leicht, seine Braut zu sein. Es ist zwar kühn für Jungen wie Mädchen auf dem weit in die Höhe und Tiefe schwingenden Krinolinenkarussell zu stehen, weil die überall sichtbar hängende Tafel „Stehen während der Fahrt polizeilich strengstens verboten" niemandem zu sitzen erlaubt, aber es genügt nicht. Die Jungens tragen, um sich in Ansehen zu setzen, rote, weit die Brust freilassende Hemden, verwegene Hüte, Abzeichen der radikalen Parteien, Stulpenstiefel oder kurze bayerische Lederhosen und schlagen den Luckas, ziehen den Expander, fordern die dicken Berufsringer heraus, pfeifen die Mädchen mit garantiert echtem Louispfiff, hauen sich gegenseitig die Nasen kaputt und sprechen beiläufig von großen Dingern, die sie drehen wollen. Den Mädchen bleiben außer Apachentüchern nur die Schlagfertigkeit des Mundwerks und die Luftschaukeln. Am besten ist, beides zu vereinen. Zwei und zwei steigen sie immer in die schwebenden Kähne, die sie bedrohlich hoch treiben, und rufen dann, fast mit dem Kopf zur Erde stehend, allerlei Herausforderungen in die Schar der unten emporblickenden Bewunderer. Eine bestimmte Anzahl Hochschwünge sind das Examen, das ein Mädchen bestehen muß, um mit in eine Bude genommen zu werden. Hier zeigt sich das Kind im Schöneberger Gangster,

Arme ehrliche Artisten

„Moto Fred, der künstliche Mensch“, die Schau „Männliche Kraft und plastische, weibliche Körperschönheit“, „Pariser Haremsnächte und die Wunder der Hypnose“ sind zu besuchen. Am vollsten aber ist es bei den Ringern und im Zirkus. Der Zirkus ist sehr klein; zwei Reihen Bänke um eine ungeräumige Manege. Nach sechs Paraden, die den ernsten Clown und Direktor zu langen Reden über den Ernst der Zeit und die Not, die die Artisten auf die Rummelplätze treibt, veranlassen, füllt sich das Zelt mit sechzig Personen, die Kopf für Kopf zwanzig Pfennig bezahlt haben. Dann beginnt die Vorstellung, die über eine Stunde dauert. Der ernste Clown hat nicht zu viel versprochen. Im spärlichen Licht von zwei Glühbirnen zeigt sich die letzte Generation einer als Beruf aussterbenden Zirkusreiterfamilie. Zehn Personen, vier Pferde und ein Esel machen den Zirkus. Man kann sich ausrechnen, wie viel an Brot oder Hafer da auf jeden kommt. Aber die Arbeit der Leute ist gut. Sie ist anständiger als es auf diesem Platz zu erwarten war, und angesichts der wie ein Handwerk gelernten und sehr soliden Manegearbeit vergißt die Jugend ihr übersteigertes Sensationsverlangen und freut sich ganz naiv über die Tiere, die Kunst der kleinen Seiltänzerin und die Späße der Clowns. Die Jugend auf den Bänken hat ihre Kinoillusionen vergessen. Die in allen anderen Buden üblichen Zwischenrufe unterbleiben. Und die Pferde beweisen, daß diese Jugendlichen vom Rummelplatz verirrte Kinder sind und besser, als sie selber es wahr haben wollen.

Cliquenjugend?

Seitdem man, nach vielen Raubzügen, Einbrüchen und anderen Verbrechen, den Jugend-Ring-Verein Santa Fé entdeckt hat, spricht man, wenn Jugendliche sich nicht nur zum Wandern oder zum politischen Krach zusammenschließen, sondern verworfen tun, von Cliquenjugend. Man meint damit eine Art von kriminellem Wandervogel. Und es heißt, daß der südwestliche Treffpunkt dieser über ganz Berlin verteilten, miteinander befreundeten und verfeindeten Organisationen dieser Rummelplatz an der Ecke der Potsdamer und Grunewald-Straße sei. Eine Annahme, die, wie es scheint, auch von der Polizei geteilt wird, die ja kürzlich auf dem Platz und der Umgegend eine nächtliche Razzia nach den jugendlichen Mariendorfer Mördern veranstaltete. Im allgemeinen dürften aber die geheimnisvollen, in keinem Vereinsregister eingetragenen Bünde, die, man merkt das an gewissen Gesten, Pfiffen, Abzeichen und sonstigen Erkennungsmitteln, es zweifellos gibt, durchaus harmloser Natur sein.

Der Platz ist der Brunnen vor dem Tor, der häßlich und hart lebenden Straßen. Müde Lehrjungen und Mädchen, Arbeitsburschen, Arbeitslose und schwer geplagte Schüler suchen hier für ein paar Abendstunden dem Trott ihres bürgerlichen Tages zu entfliehen. Die bunten Lichtwellen der Karussells, der sehnsuchtsvolle Klang der Leierkästen, der Geruch von Schmalzgebackenem, das Dunkel um die verhangenen, der Dunst aus dem Zirkusstall, der Anblick der Genossen, die wie Kinohelden schreiten (verwickelt in Todfeindschaften, Blutsfreundschaften, tollen Leidenschaften) geben ihnen das Gefühl einer anderen, dem Tom Mix oder Harry Piel Ideal angenäherten Welt. Aber wenn um zehn der Park geschlossen wird, der riesige Rausschmeißer „der Oberbulle" in Tätigkeit tritt, gehen die meisten, brave Schöneberger Kinder, nach Haus ins Bett.

Und übrig bleibt die kleine, vielleicht wirklich kriminelle Gruppe. Sie belebt noch lange die Straße, besucht die Eisläden, die Pufferstuben, die Destillen, verständigt sich mit Älteren, hat Geld und gibt Geld aus, bis sie schließlich, zu mitternächtlicher Stunde, im Dunkel des Bülowbogens verschwindet.

Ewige Keile für den Trainer
(Er kocht vor Wut, darf aber nicht hart zurückschlagen)

6.

Abgesang

JOSEPH GOEBBELS

Rund um die Gedächtniskirche

Das ist Berlin W:

Tausend und tausend Transparente speien eine Fülle von Licht in den grauen Abend hinein, daß der Kurfürstendamm hell liegt, fast wie bei Tage. Straßenbahnen klingeln, Autobusse rasseln hupend vorbei, vollgepfropft mit Menschen, Menschen; in langen Reihen summen Taxen und 30 vornehme Privatlimousinen über den spiegelglatten Asphalt. Die roten, gelben und grünen Signallichter hemmen und öffnen die Weiterfahrt; mitten in all dem Gewühl steht hoch aufgerichtet der Grüne und gibt für die schwarzen Menschenmauern an den Straßenrändern den halsbrecherischen Übergang von einer Seite zur andern frei. Ein Gequieke und Gequake schlägt ans Ohr, daß der Ungewohnte jeden Augenblick Gefahr läuft, die ruhige Besinnung zu verlieren. Vor den großen Kinos leuchten grellrot *die neuesten Schlager der Saison*: ‚Vom Leben getötet', ‚Das Mädchen vom Tauentzien', ‚Nur eine Nacht'. Duft von schweren Parfüms fliegt vorbei. Kokotten lächeln aus den kunstvollen Pastellgemälden moderner Frauengesichter; sogenannte Männer schlendern auf und ab, Monokel blitzen; falsche und echte Edelsteine leuchten auf. *Alle Sprachen der Welt* dringen ans Ohr; da geht der gelbe Inder schweigend neben dem gesprächigen Sachsen; ein Engländer bahnt sich fluchend mit den Ellenbogen seinen Weg durch das Gewühl, und all den Lärm übertönend brüllt

47
Der möblierte Herr!
Möbliertes Zimmer
...am 15ten ist der Erste

ein verfrorener Zeitungshändler die eben aus der Rotation gekommene *Journaille* des Abends aus.

Mitten in diesem Trubel der Weltstadt reckt die *Gedächtniskirche* ihre schlanken Spitzen in den grauen Abend hinein. Sie ist fremd in diesem lauten Leben. Wie ein *stehengebliebener Anachronismus* trauert sie zwischen den Cafes und Kabaretts, läßt die summenden Autos um ihren Steinleib gleiten und gibt zur *Sünde der Fäulnis* gelassen und zage die Stunden an. Es gehen Menschen um sie herum, die vielleicht noch nie zu ihren Türmen hinaufschauten. Da flankiert der *Snob* in Pelzmantel und Lack, die Dame von Welt, von Fuß bis Kopf *Garçonne*, mit Monokel und qualmender Zigarette, stöckelt an ihren Gehsteigen vorüber und verschwindet in einer der tausend Stätten von Rausch und Gift, die hier ihre schreienden Lichter lockend in den abendlichen Tag hineinsenden .

Das ist *Berlin W! Das steingewordene Herz* dieser Stadt. Hier hockt in den Nischen und Ecken der Cafes, in den Kabaretts und Bars, in den Sowjettheatern und Beletagen die *Geistigkeit der Asphaltdemokratie* aufeinander. Hier, hier wird die Politik von 60 Millionen fleißiger deutscher Menschen gemacht. Hier gibt und holt man die neuesten *Börsen- und Theatertips*. Hier *schiebt man* in Politik, Bildern, Kuxen, Aktien, Liebe, Film; Theater, Regierung und Wohlfahrt. Die *Gedächtniskirche* steht nie einsam. Vom Tage taucht sie ohne Übergang in die Nacht, und die Nacht wird zum Tag, ohne daß ein Augenblick um sie die große Stille kam. Jede Woche steht ein neuer auf unter denen, die unten gehen, reißt *mit dem Maulwerk* die flimmernden Sterne vom Himmel herunter, wird beklatscht und bejubelt von der *Bestie Publikum*, man schreibt von ihm in den Zeitungen, er ist der kommende Mann, *le dernier cri*, und dann versinkt er wieder in Nacht.

Die ewige Wiederholung von *Fäulnis und Zersetzung*, von Mangel an Genialität und wahrer Schöpferkraft, von innerer *Leere und Trostlosigkeit*, überfirnißt mit dem Talmiglanz eines zur widerlichsten *Scheinkultur* herabgesunkenen Zeitgeistes: das ist es, was rund um die Gedächtniskirche sein Wesen und *Unwesen* treibt. Man möchte hier so gerne wahrhaben, es sei die *Elite* des Volkes, die auf dem *Tauentzien* dem lieben Gott den Tag und die Nacht stiehlt. Es ist nur die *Israélite*. Dieses filzende Pack spielt sich auf als *jeunesse dorée*, und doch sagt das verkleisterte Ponim, für jeden Wissenden erkennbar, daß es nur die *jeunesse isidorée* ist.

Hier ist das *deutsche Volk fremd und überflüssig*. Man fällt beinahe auf, wenn man in der *Sprache des Landes* spricht. Paneuropa, Internationale, Jazz, Frankreich und Piscator, das ist die Parole.

„‚Die Freundin', alte Nummer, nur zehn Pfennig!" schreit ein findiger Kolporteur. Es kommt nicht einer von den Vorübergehenden auf den Gedanken, daß das fehl am Ort sei. Es ist gar nicht fehl am Ort. Dieser Mann kennt das Milieu.

Berlin W ist die Eiterbeule an dieser Riesenstadt des Fleißes und der Betriebsamkeit. *Was die im Norden erarbeiten, das verjubeln die im Westen. Vier Millionen schaffen in dieser Steinwüste Leben und Brot, und darüber sitzen einige hunderttausend Drohnen, die ihren Fleiß verprassen und in Sünde, Laster und Fäulnis umsetzen.*

Der *Kurfürstendamm* schreit laut heulend auf, wenn man einem dieser Blutsauger einmal auf die Hühneraugen tritt; dann ist die *Menschheit* in Gefahr. Einen kann man dort nicht leiden sehen, – wenn er vom Metier ist. Und *lachend trägt man ein ganzes Volk zu Grabe.*

Das ist nicht das wahre Berlin. Das sitzt anderswo und wartet und hofft und kämpft. Es beginnt, *den Judas zu erkennen*, der unser Volk für dreißig Silberlinge verkauft und verhandelt.

Das *andere Berlin* steht auf der Lauer, zum Sprung bereit. Tage und Nächte hindurch arbeiten *einige Tausend*, daß einmal *ein Tag* kommt. *Und dieser Tag wird die Stätte der Fäulnis rund um die Gedächtniskirche zertrümmern, umgestalten und dann neu eingliedern in ein auferstehendes Volk.*

Der Tag des Gerichts! Es wird der Tag der Freiheit sein!

ERICH KÄSTNER

Der Zweikampf am Märkischen Museum

[...]

In diesem Augenblick hörten beide einen Schuß und einen Aufschrei, und kurz darnach drei Schüsse aus anderer Richtung. Labude rannte ins Dunkel, die Brücke entlang, auf das Museum zu. Wieder klang ein Schuß. „Viel Spaß!" sagte Fabian zu sich selber, während er lief, und suchte, obwohl sein

Herz schmerzte, Labude zu erreichen.

Am Fuße des märkischen Roland kauerte ein Mann, fuchtelte mit dem Revolver und brüllte: „Warte nur, du Schwein!“ Und dann schoß er wieder über die Straße weg auf einen unsichtbaren Gegner. Eine Laterne zerbrach. Glas klirrte aufs Pflaster. Labude nahm dem Mann die Waffe aus der Hand, und Fabian fragte: „Warum schießen Sie eigentlich im Sitzen?“

„Weil mich's am Bein erwischt hat“, knurrte der Mann. Es war ein junger stämmiger Mensch, und er trug eine Mütze „So ein Mistvieh“, brüllte er. „Aber ich weiß, wie du heißt.“ Und er drohte der Dunkelheit.

„Quer durch die Wade“, stellte Labude fest, kniete nieder, zog ein Taschentuch aus dem Mantel und probierte einen Notverband.

„Drüben in der Kneipe ging's los“, lamentierte der Verwundete. „Er schmierte ein Hakenkreuz aufs Tischtuch. Ich sagte was. Er sagte was. Ich knallte ihm eine hinter die Ohren. Der Wirt schmiß uns raus. Der Kerl lief mir nach und schimpfte auf die Internationale. Ich drehte mich um, da schoß er schon.“

„Sind Sie nun wenigstens überzeugt?“ fragte Fabian und blickte auf den Mann hinunter, der die Zähne zusammenbiß, weil Labude an der Schußwunde hantierte.

„Die Kugel ist nicht mehr drin“, bemerkte Labude. „Kommt denn hier gar kein Auto? Es ist wie auf dem Dorf.“

„Nicht mal ein Schutzmann ist da“, stellte Fabian bedauernd fest.

„Der hätte mir gerade noch gefehlt!“ Der Verletzte versuchte aufzustehen. „Damit sie wieder einen Proleten einsperren, weil er so unverschämt war, sich von einem Nazi die Knochen kaputtschießen zu lassen.“

Labude hielt den Mann zurück, zog ihn wieder zu Boden und befahl dem Freund, ein Taxi zu besorgen. Fabian rannte davon, quer über die Straße, um die Ecke, den nächtlichen Uferweg entlang.

HERMANN RÖSSLER

Hat Berlin existiert?

Das mongolische Flugzeug, das sich über der großen westlichen Halbinsel Nordasiens befand, senkte sich etwas tiefer. Dann machte es mehrere Schleifen. Die Passagiere, eine Reisegesellschaft, beobachteten das unten liegende Terrain gespannt mit Ferngläsern. Aber man gewahrte nichts Besonderes – nur die weite, wild bewucherte grüne Steppe.

„Man sieht gar nichts von den Ruinen“, sagten die meisten Reisenden.

„Nicht so tief gehen!“ ermahnte vorn der Bordmonteur den Piloten. „Es ist gefährlich. Alles drunten soll noch vergast sein.“

„Jetzt noch, wo es über 5000 Jahre her ist?“

„Doch, die alten Europäer sollen gefährliche Giftgase gehabt haben. Sie waren darin ungeheuer fortgeschritten. Es traut sich niemand auf den Boden dort unten."

Der Pilot stellte den Windmühlen-Propeller ein und ließ das Flugzeug über ein und derselben Stelle schweben. Den Reisenden in der Kabine gefiel das. Man konnte genau beobachten. Alles lag in den Fenstern.

„Hier an dieser Stelle soll das sagenhafte Berlin gelegen haben", sagte eine Studentin.

„Warum sagenhaft? Ich denke, es hat existiert?" fragte ihr Begleiter.

Die Studentin schob die Hornbrille über ihr gelbes Gesicht. „Man weiß es nicht genau. Paris und London haben existiert, das steht historisch fest. Aber bei Berlin ist man nicht ganz sicher. Es ist mehr legendär."

„Verzeihen Sie", mischte sich der Nachbar, ein chinesischer Mandarin, „wenn Sie hier auch keine Ruinen sehen, so können Sie wie noch nicht darauf schließen, daß Berlin eine reine Sagenerfindung wie Troja und Atlantis ist. Existiert hat die Stadt, das ist bewiesen. Nur vermutet man in wissenschaftlichen Kreisen, daß die Bewohner dieser Stadt es verstanden haben, ihr in der Zeitgeschichte eine weitaus größere Wichtigkeit zu geben und sie für die späteren Generationen in der Überlieferung viel zu sehr zu vergrößern. Genau so hat es doch einmal ein ganz unbedeutender Ägypterkönig mit seinen Pyramiden getan. Vielleicht ist dieses Berlin ebenfalls nur die, forcierte Gründung so eines Milliardenkönigs gewesen. Sie wird zu irgendeinem industriellen Zweck schnell entstanden und wieder schnell vergangen sein, so daß das große Ausmaß der Stadt gar nicht ihrem kulturellen Rang entsprochen hat. Eine Art Riesengründung, die nur kurze Zeit existierte, vielleicht ein paar hundert Jahre!"

Ein Herr, dem man den Priester ansah, mischte sich ein. Er hatte einen weisen, gütig belehrenden Ton.

„Sie sehen die Sache zu wirtschaftlich, Mandarin. Ich habe die Kulturgeschichte der alten Europäer genau studiert. Das alte Berlin hatte eine hohe Kultur. So hat man die Spuren zahlreicher Kino-Theater gefunden. Sie wissen, was das ist? Die Menschen waren damals so anspruchslos, daß sie sich im Theater damit begnügten, das im Filmstreifen vervielfältige Leben anzusehen, statt der Originalschauspieler. Man war so rührend bescheiden, daß man mit diesen farblosen künstlichen Bildern vorlieb nahm.

„Das hing wohl mit den religiösen Vorstellungen der alten Berliner zusammen", meinte die Studentin. „Es galt, glaube ich, als unheilig, sich als Schauspieler vor den Massen zu zeigen. Deshalb taten das nur ein paar Verwegene, und die wurden allerdings für den seelischen Schaden durch hohe Löhne entschädigt. Und sie zeigten sich, da sie sich nun einmal dazu hergegeben hatten, gleich überall. Ich glaube, man nannte sie ‚Stars'."

„Diese Kino-Theater sollen von blendender Pracht gewesen sein", fuhr der Priester fort. Auch ich habe gehört, daß die alten Berliner eine hohe Wachsbildnerkunst hatten. Man stellte die schönsten Wachsbildungen von Männern und Frauen unter Glas auf, und zwar so, daß jeder sie von der Straße bewundern konnte. Der Kunstsinn der Leute war sogar so groß, daß man diese Wachsbildnisse fast göttlich verehrte. Jedenfalls zog man ihnen die schönsten Kleider an."

Der Pilot gab Vollgas. Das Flugzeug, das bedenklich tief geschwebt hatte, sauste weiter und ging dann höher. Wieder vollführte es einige Runden. Herrlich deutlich war alles sichtbar; ein schmales Flußband, Wiesen und Steppenland. Grün, Reste einstiger Wälder, Sumpfland, das früher einmal ein See gewesen war. Sonst nichts. Kein Stein, kein Metall, kein Rest eines Stahlturms.

Die Studentin machte sich eifrig Notizen.

Ihre Freundin und Reisegenossin, jünger, hübscher, weniger intellektuell, sah verträumt in die Landschaft unten und sagte vor sich hin:

„Man möchte doch glauben, daß es nur eine Sage gewesen ist. Die Sage von Berlin ..."

Ihr Freund, ein kräftiger, sportlich geschulter und von Wissenschaft unbeschwerter mongolischer Landsmann, sah die Sache auf seine Art:

„Eigentlich ein idealer Platz. Hier müßten wir einmal mit meinem neuen Sportflugzeug hin und Wochenende machen. Das mit den Resten alter Giftgase ist doch sicher Unsinn ... Höchstens, daß man beim Buddeln auf so altes Zeug stößt, Wachspuppen oder Filmstreifen."

Der Mandarin und der Priester verblieben im Zwiegespräch.

„Gewiß, sie waren nicht ohne Kultur, die Leute, die dort unten vor 5000 Jahren gelebt haben. Man kann es verstehen, daß sie so größenwahnsinnig es heute klingt, ihr Europa als selbständigen Erdteil und nicht als Anhängsel Asiens betrachteten."

Und wohlgefällig, als sei er selbst der Träger der ältesten Kultur der Welt, lehnte sich der Mandarin zurück.

Der Priester sagte in seiner leisen Art, als das Flugzeug den historischen Punkt verließ und mit lautem Gesurr wieder in die Wolken stieg: „Schade. Sie haben vielleicht ganz gut gelebt, die alten Europäer vor fünf- bis zehntausend Jahren. Nur hätten sie nicht die Dummheit begehen sollen, sich selbst zu vernichten."

Asta

—

Nachwort

Tanz auf dem Vulkan – ausgerechnet ein Filmtitel von 1938, aus der Nazizeit, liefert bis in die heutige Zeit den Nachgeborenen eine griffige und gern nachgebetete Formel für das Berlin der Weimarer Republik. Eine andere, gegenwärtig wieder höchst populäre, ist Babylon Berlin. Sie wiederum stammt aus dem ersten Jahrzehnt des 20. Jahrhunderts, aus der Kaiserzeit. Sie geht zurück auf die Grabungen Robert Koldeweys in Mesopotamien, aus der zahllose Funde nach Berlin ins Pergamonmuseum kamen, zumal das Ischtartor. Das und Koldeweys Identifizierung des mythischen Turms zu Babel lösten eine Welle der Babylonfaszination aus, die bis hin in Fritz Langs Film *Metropolis* reichte. Alfred Döblin hat in *Berlin Alexanderplatz* (1928), im nach wie vor berühmtesten Berlin-Roman, die Stadt mit der biblischen ‚Hure Babylon' identifiziert, ehe er ins Exil gehen musste, worüber sein Roman *Babylonische Wandrung* 1934 berichtete. (Andrea Polascheggs und Michael Weichenhans Buch *Berlin-Babylon* (2017) zeichnet das großartig nach.) Als 2018 Curt Morecks Buch, *Ein Führer durch das „lasterhafte" Berlin*, neu aufgelegt wurde, nahm der Verlag dem Lasterhaften die Anführungszeichen, die Moreck 1931 gesetzt hatte, und gab ihm den Untertitel „Das deutsche Babylon" mit. Das alles zeigt, wie man inzwischen das damalige Berlin etikettiert. Noch in der Rede von den ‚Goldenen Zwanzigern', aus England adoptiert, wo sie tatsächlich eher zutraf, schwingt es mit: Das Berlin jener Zeit soll ein Ort von exzessiver Freizügigkeit, fiebriger Lebenslust und permanenter Feierlaune gewesen sein – ohne Rücksicht auf die Kosten, ohne Blick über den Tag hinaus und ohne Sorge um die Politik. Doch war das wirklich so?

Gewiss, im jähen Übergang vom Kaiserreich zur Republik, im Wechsel von Revolutionsversuch und Putsch, im Terror der politischen Morde – Luxemburg, Liebknecht, Erzberger, Rathenau, um nur die bekanntesten zu nennen –, in der rasanten Entwertung der Mark und der Vergötzung des Dollars, im unkontrollierbaren Zuzug einer Valuta-Schickeria, von russischen Emigranten, jüdischen Pogrom- und Armutsflüchtenden, nicht zu vergessen die aus den abgetrennten Ostgebieten vertriebenen oder geflüchteten Deutschen, entstand zunächst ein Klima des Ausnahmezustands. Die Melange aus drohendem Zusammenbruch der infrastrukturellen Daseinsvorsorge und exzessiv libidinöser Freiheit setzte starke Energien frei. Zugleich aber wurde alles Erdenkliche zu einer kommunalpolitischen Bewältigung und Kontrolle getan. Zuallererst die Schaffung von Groß-Berlin. Nicht ohne erhebliche Widerstände wurde das bisherige Konglomerat aus neben- und gegeneinander existierenden acht Städten, 59 Landgemeinden und 27 Gutsbezirken durch das am 27. April 1920 erlassene und am 1. Oktober in Kraft getretene Groß-Berlin-Gesetz vereinheitlicht. So entstand mit einem Schlag die Hauptstadt als mit 3,9 Millionen Einwohnern drittgrößte Stadt der Welt – nach London und nach New York, mit dem Berlin sich, zuvor als Deutschlands Chicago abgetan, nun besonders gerne verglich. Berlin wurde Weltstadt.

Zweifellos, die Zwanzigerjahre waren, wie später Peter de Mendelsohn schrieb, das „Jahrzehnt Berlins". Berlin wurde rasend schnell zu einer so kosmopolitischen Stadt, wie sie es bei aller Offenheit zuvor nie war. Die Stadt zog bildende Künstler, Theaterleute, Filmschaffende, Musiker, Tänzer, Schriftsteller, Intellektuelle, Journalisten jedweden Geschlechts, aus dem In- wie Ausland an, wie zuvor und danach nie wieder. Sie pflegten ihre Exzentrik und taten sich in Gruppen zusammen, beflügelten und bekämpften sich oder gingen sich aus dem Weg. Gleichwie: sie brachten eine kulturelle Blüte ohnegleichen. Deren losgelassener Avantgardismus freilich wurde von konservativen Kräften ebenso heftig bekämpft, wie sie selbst sich gab.

Im Alltag der allermeisten Berliner spielte das allerdings keine große Rolle. Auch wenn sie fleißig Nutznießer der Angebote von Künsten und Medien waren. Für sie gehörten Theater und Kinos, Zeitungen und Bücher ebenso wie Varietés, Kneipen, Bars, der Sportpalast oder das Haus Vaterland gewissermaßen zur Infrastruktur der Stadt – so wie Licht, Wasser oder Verkehr.

Vor allem aber benötigten sie Wohnungen. Seit Anfang des 19. Jahrhunderts bis heute, das hat Jens Bisky in seiner fulminanten Biographie der Stadt 2019 gezeigt, war es das größte Problem der Stadt, hinreichend Wohnraum bereitzustellen. Nie kam sie dabei auch nur annähernd dem Zuzug nach. Und so war auch die Zeit der Weimarer Republik in Berlin durch akuten Notstand geprägt. Es gab die herrschaftlichen Luxuswohnungen am Kurfürstendamm. Viele von ihnen waren freilich inzwischen – wie man bei Franz Hessel oder Gabriele Tergit nachlesen kann – aufgeteilt und untervermietet, weil die Eigentümer ihr Vermögen 1923 in der Inflation verloren hatten. Es gab die elenden Kellerquartiere im Osten. Es gab die dunklen Hinterhofwohnungen. Es gab karg möbliertes Wohnen. Es gab Obdachlosigkeit, Notquartiere oder das Hausen in den Laubenkolonien – zumal ab 1929 mit der Wirtschaftskrise. Man kann das in Hans Falladas *Kleiner Mann – was nun?* nachlesen oder in Slatan Dudows Film *Kuhle Wampe* (1932) sehen. Doch zugleich und von Anfang an gab es auch erhebliche kommunale Anstrengungen um den forcierten Wohnungsbau. Faktisch erstmals bauten nicht Spekulanten, sondern gemeinnützige Wohnungsbaugesellschaften. Es entstanden so, in Abkehr von der bisherigen Mietskasernenstadt, Mustersiedlungen wie die in Britz oder die Waldsiedlung Zehlendorf.

Das war Teil eines ehrgeizigen Programms unter dem Titel „Das neue Berlin“, das der nicht minder ehrgeizige Stadtbaurat Martin Wagner unter Oberbürgermeister Gustav Böß vorantrieb. Dazu gehörte auch die Verbesserung der Infrastruktur. Zwei ausgeführte Projekte waren die Errichtung eines modernen zentralen Schlachthofs am Stadtrand, um die Eltenaer Straße, das andere, spektakulärer in der Stadt gelegen, der verkehrsgerechte Umbau des Alexanderplatz im Verein mit markanten Neubauten und der zumindest teilweisen Sanierung der slumähnlichen Gegend dort. Beides hat in Alfred Döblins *Berlin Alexanderplatz* Eingang gefunden, aber auch sonst die publizistische Aufmerksamkeit auf sich gezogen.

Planung und Regelung des Verkehrs gehörten zu den vordringlichsten Aufgaben. Zum einen musste der öffentliche Nahverkehr ausgebaut und effizient gestaltet werden, dazu trug vor allem die Elektrifizierung der Stadtbahn, der U-Bahnbau und die Gründung der BVG bei, zum anderen musste der zunehmenden Motorisierung Rechnung getragen werden. Als sichtbarstes Zeichen dessen durchziehen die Texte aus der damaligen Zeit immer wieder die rot-gelb-grünen Lichter der Ampeln, wurde der Ampelturm am Potsdamer Platz geradezu eine Ikone dessen.

„Vielleicht ist deswegen Berlin in Süddeutschland so wenig beliebt, weil dort das laufende Band längst durch die Straßen gehängt ist und jeder sehen kann, wie jeder seine Schraube dreht" – hatte Bernard von Brentano 1928 geschrieben. Schon 1919 hatte Kurt Tucholsky festgestellt: „In dieser Stadt wird nicht gearbeitet –, hier wird geschuftet. Auch das Vergnügen ist hier eine Arbeit [...]. Der Berliner ist ein Sklave seines Apparats."

Tatsächlich war Berlin vor allem eine Stadt der Arbeit, der industriellen Arbeit. Mitte der Zwanzigerjahre beschäftigte allein die Metallindustrie rund 400000 Menschen. Berlin war zwar zutiefst arbeiterlich, proletarisch geprägt, doch zunehmend war es auch eine durch Angestellte bevölkerte Stadt. Berlin war die deutsche Metropole der Angestelltenkultur, die Siegfried Kracauer in seinem Klassiker *Die Angestellten* 1929 so prägnant analysiert hat.

Wesentlicher Teil dieser schnell wachsenden Angestelltenkultur war die Berliner Ausgeh- und Amüsierkultur. Schon wegen der beengten Wohnverhältnisse spielte sich das feierabendliche und wochenendliche Leben der Angestellten in den Angeboten der Unterhaltungskultur und Freizeitmöglichkeiten ab. Die waren nun wahrlich reichlich, ob Lunapark oder Eierhäuschen, Haus Vaterland oder Müggel- und Wannseebad, Destillen, Kaschemmen, Kneipen, Bars, Varietés, Tanzlokale, Restaurants mit nobler Weinabteilung, Bordelle oder Privatclubs – das Angebot war riesig.

Und in und über allem das Kino. Berlin war die Stadt der riesigen, prachtvollen Kinopaläste für die Premieren im Westen und Süden, aber auch der Keller- und Hinterhofkinos mit ihren uralt-verregneten Kolportagestreifen im Norden und Osten. Weit über dreihundert Kinos gab es hier. Doch gingen nicht nur die „kleinen Ladenmädchen" aus der Angestelltenschicht ins Kino, wie Siegfried Kracauer in einem bissigen Kommentar zum Filmangebot schrieb, sondern junge Frauen waren auch sonst ein nicht unerheblicher Teil der Filmszene. Denn Berlin war damals das Zentrum der deutschen Filmindustrie, deren Büros vor allem in der Friedrichstraße angesiedelt waren. In der veröffentlichten Phantasie wohl mehr als in der Realität war das der Ort in der Stadt, in dem junge Frauen aus der Provinz ihr Glück beim Film zu machen, Stars zu werden versuchten, wie ihnen das die Illustrierten versprachen, allermeist aber, wenn sie Glück hatten, einen Hilfsjob hinter den Kulissen bekamen, oder aber, wenn sie weniger Glück hatten, eben doch ‚kleine Ladenmädchen' oder Tippfräuleins wurden, wenn sie nicht auf dem Strich landeten, was wiederum die Kolportage besonders gerne ausmalte. Max Barthels Roman *Aufstieg der Begabten*, von 1929, oder Grete Garzarollis *Das Leben der Filmkomparsin*

Maria Weitzmann, von 1933, thematisierten das – am eindringlichsten wohl Irmgard Keun 1932 in *Das kunstseidene Mädchen*. Kino und Film waren in der Stadt immerhin so präsent, dass es zu den beliebten rhetorischen Kniffs der Feuilletons gehörte, Stadt- und Filmkulisse zu verwechseln.

Weniger sichtbar, aber für das kulturelle Leben immer wichtiger wurden Rundfunk und Radio, seit dem 29. Oktober 1923 vom Vox-Haus aus erstmals gesendet wurde. Die Häuser der klassischen Theaterkünste nicht zu vergessen – drei Opernhäuser, zwölf Lustspiel- und Operettenstätten, dreiundzwanzig Theater boten ein denkbar weites Spektrum zwischen Schwank und Operette, Klassik und Agitprop, Avantgardeexperiment und Skandalstück. Ebenfalls die so beliebten wie bespöttelten Revuen mit ihren obligaten Girls.

Alles das wiederum existierte erst so recht durch die Zeitungen und Zeitschriften, Magazine und Illustrierten. 90 Tageszeitungen soll es zeitweilig hier gegeben haben, selbst vorsichtigere Schätzungen gehen immerhin noch von vierzig aus, von denen die größten zwei- oder gar dreimal täglich erschienen. In ihnen wurden Informationen und Kommentare Tag für Tag begleitet vom Feuilleton ‚unter dem Strich', in Kritiken, Feuilletons als Kleine Form, Reportagen als fortlaufende Beobachtung, Kommentierung und Konturierung der Stadt und ihrer Kultur. Geschrieben von damaligen Stars wie Alfred Polgar oder Joseph Roth, Victor Auburtin oder Siegfried Kracauer, Vicki Baum oder Gabriele Tergit. Walter Benjamin, der selbst für das Feuilleton schrieb, hat das in das apokalyptische Bild der „Heuschreckenschwärme von

Schrift" gefasst, die „die Sonne des vermeinten Geistes den Großstädtern verfinstern". Gemeint waren damit freilich nicht nur die Zeitungen, sondern auch die Reklamen, ob in den Schaufenstern, auf Handzetteln, Litfaßsäulen oder als Leuchtschrift auf den Dächern, an den Fassaden oder dem spiegelnden Asphalt.

In dieser Mixtur aus Zeitungstexten und Reklamen bewegte sich die zeitgenössische Literatur über Berlin. Wo sie nicht im Feuilleton stattfand, als Erzählung oder Fortsetzungsroman, war sie doch auch zwischen den Buchdeckeln vom Feuilleton geprägt. Das war damals zwar die Hochzeit der Reportage, aber die literarische Krönung des Journalismus war und blieb doch die kleine Form des Feuilletons, dieser Mischling aus Beobachtung und Erfindung, Witz und Melancholie. Von diesen Feuilletons her schrieben Hans Fallada und Erich Kästner, Irmgard Keun oder Gabriele Tergit. Nicht nur waren die einschlägigen Romane oft Montagen aus zuvor veröffentlichten Feuilletontexten, sondern griffen immer wieder zum feuilletonistischen Mittel von Collage und Querschnitt, zur Aufzählung von Heterogenem und Synchronem. Man findet das in Döblins *Berlin Alexanderplatz*, nun schon reflektierend angesprochen: Beispielsweise:

„Rumm rumm haut die Dampframme auf dem Alexanderplatz. […] Alles ist mit Brettern belegt. Die Berolina stand vor Tietz, eine Hand ausgestreckt, war ein kolossales Weib, die haben sie weggeschleppt. Vielleicht schmelzen sie sie ein und machen Medaillen draus. […] Die Schupo […] steht in mehreren Exemplaren auf dem Platz. […] der Osten ergießt sich nach Westen, der Westen nach Osten. Dann schaltet sich das Exemplar selbsttätig um: Der Norden ergießt sich nach Süden, der Süden nach Norden. [...] Es sind Männer, Frauen und Kinder [...]. Sie alle aufzuzählen und ihr Schicksal zu beschreiben, ist schwer möglich, es könnte nur bei einigen gelingen. Der Wind wirft gleichmäßig Häcksel über alle. [...] Sie sind so gleichmäßig wie die, die im Autobus, in den Elektrischen sitzen. [...] Was in ihnen vorgeht, wer kann das ermitteln, ein ungeheures Kapitel. Und wenn man es täte, wem diente es? Neue Bücher? Schon die alten gehen nicht, und im Jahre 27 ist der Buchabsatz gegen 26 um soundsoviel Prozent zurückgegangen."

Oder als Beispiel eine Passage aus Gabriele Tergits großartigem Roman von 1931, mit dem etwas eigentümlichen Titel *Käsebier erobert den Kurfürstendamm*:

„Lambeck roch diese Luft aus Freiheit, Frechheit und Benzin. Einbeinige saßen an der Steinterrasse des großen Hotels. [...] Wanderschrift, Kirche und winkender Schutzmann. Autos, Autos, Weltanschauungscafés und stille Konditorei für Liebe. Kapitol in rosa, lila und rot. Kino, Café, Restaurant, d. h. Paläste, Marmor, Gloria und Königin, Sekt, elegante Kleider, Charleston und Jazz, Fraßgeschäfte mit bunten Salaten und Artischocken, [...] rotes, grünes, gelbes Licht, Schlange und Krokodil, Feh und Zobel, Seide und Spitzen, lackierte Kojen, wo Schönheit fabriziert wird mit [...] knisterndem elektrischen Strom für die Pelztiere, die rosa Beine, cotyfarbene Münder, suchende Portemonnaies und suchende Augen für die Herren haben [...]."

Dieses erschriebene Bild des modernen Berlins, mit seiner Gleichzeitigkeit und Gleichgültigkeit, Härte und Hektik, seiner Geschichtslosigkeit und Gegenwärtigkeit war es vor allem, das nach Ende der Zwanziger Jahre als kulturelles Allgemeingut gepflegt wurde und überdauerte – denunziatorisch im Nationalsozialismus als „Sündenbabel" und „Tanz auf dem Vulkan", affirmativ seit Rainer Werner Fassbinders Serie *Berlin Alexanderplatz* von 1980 bis zum heutigen Tage.

Nun existierte neben diesen Versuchen aus den Zwanziger Jahren, die Synchronizität und Gleichzeitigkeit des modernen Berlins zu erfassen, auch eine Literatur des nostalgischen Blicks. Die Romane von Erdmann Graeser etwa, die eher ein kiezig-proletarisches, kleinbürgerliches, oft vergangenes Berlin präsentierten, oder die von Georg Hermann, die im inzwischen eher anachronistisch scheinenden Bildungsbürgertum handelten. Sie lieferten jedenfalls ein im Abseits des mondänen Trubels gelegenes, auch leiseres Berlin. Ein herausragender Vertreter des Einspruchs gegen all' die Feier von Tempo und Hektik war Franz Hessel, der Berliner Flaneur. Er schrieb 1919 in *Spazieren in Berlin*:

„Langsam durch belebte Straßen zu gehen, ist ein besonderes Vergnügen. Man wird überspült von der Eile der andern, es ist ein Bad in der Brandung. Aber meine lieben Berliner Mitbürger machen einem das nicht leicht. [...] Ich bekomme immer mißtrauische Blicke ab, wenn ich versuche, zwischen den Geschäftigen zu flanieren. Ich glaube, man hält mich für einen Taschendieb. Die hurtigen, straffen Großstadtmädchen mit den unersättlich offenen Mündern werden ungehalten, wenn meine Blicke sich des längern auf ihre segelnden Schultern und schwebenden Wangen niederlassen. [...] Dieser Zeitlupenblick des harmlosen Zuschauers enerviert sie. Sie merken, daß bei mir nichts ‚dahinter' steckt."

Sein Roman *Heimliches Berlin* widmet sich 1927, autobiografisch getönt, der ausklingenden Inflationszeit, im Milieu von Künstlern, Fabrikanten und Akademikern, zwischen Salon und Bohèmelokal, nun gerade nicht in Hektik, sondern gedämpftem, ausgedehntem Plaudern. Selbst im Freien geht die Hauptfigur plaudernd durch Berlin „wie auf einer Dorfstraße", bekommt zwar hin und wieder „einen Puff" von eiligen Passanten, aber macht es sich „mitten im Verkehr der Straße häuslich bequem". Hessel hatte in seinem Spaziergangsbuch aus Wilhelm Speyers Erfolgsroman von 1927, *Charlott etwas verrückt*, jene Formel zitiert, die für diese Anthologie leitend wurde, des „demokratischen Großstadt-Frohsinns".

Diese Formel, scheint es, ist der damaligen Wirklichkeit und vor allem der Hoffnungen in ihr angemessener als die vom „Tanz auf dem Vulkan" oder vom „Sündenbabel". Sie erfasst prägnant, was die Autoren wie die Bewohner sich von der Stadt sehnlichst wünschten – auch wenn diese Hoffnung dann bald trog. Doch es sind eben diese frohgemuteren Hoffnungen, die es zu bewahren gilt, damit die düsteren Bilder nicht auf Dauer die Oberhand gewonnen haben.

Berlin, im Juli 2020 Erhard Schütz

Zu den Autoren

Max Barthel, 1893 in Loschwitz – 1975 in Waldbröl.
Ungelernter Fabrikarbeiter, schrieb seit 1910. Kriegteilnehmer. Er gehörte zu den bekanntesten ‚Arbeiterdichtern' der Weimarer Republik, stand zunächst der KPD nahe, dann der SPD; 1933 bekannte er sich zum Nationalsozialismus, wurde nach 1945 in der SBZ verfolgt und ging in den Westen. Bekannt wurde er mit Lyrik, chorischen Dichtungen, Reportagen und Romanen.

Vicki Baum, eigtl. Hedwig Baum, 1888 in Wien – 1960 in Los Angeles.
Die Tochter einer jüdischen Beamtenfamilie schrieb seit 1914, war von 1926 bis 1931 Zeitschriftenredakteurin und Autorin bei Ullstein. Sie schrieb Novellen, Unterhaltungsromane und feuilletonistische Texte in großer Zahl. Ihr 1929 veröffentlichter Bestseller *Menschen im Hotel* wurde 1932 in Hollywood verfilmt, worauf sie in die USA emigrierte und nach der Ausbürgerung in Österreich 1938 die amerikanische Staatsbürgerschaft annahm.

Gertrud Bückle – keine Daten bekannt.

Alfred Döblin, 1878 in Stettin – 1957 in Emmendingen.
Als Döblins Eltern, beide aus jüdischen Familien stammend, sich trennten, zog er 1888 mit der Mutter und Geschwistern nach Berlin, wo die Familie in Armut lebte. Während seines Medizinstudiums begann er literarische Texte zu veröffentlichen. Er arbeitete als Nervenarzt und wurde zugleich mit seinen Schriften einer der führenden Vertreter des Futurismus und Expressionismus. Während des Krieges war er Militärarzt. Seit 1917 zeigte er starke Sympathien für den revolutionären Kommunismus. Es erschienen u. a. seine großangelegten Romane *Wallenstein* (1920), *Berge Meere und Giganten* (1924)

und 1928 *Berlin Alexanderplatz* im Fortsetzungsabdruck der Frankfurter Zeitung, 1929 als Buch. 1933 ging er ins Exil und nahm 1936 die französische Staatsbürgerschaft an. Kurz vor dem deutschen Einmarsch in Frankreich gelang ihm die Flucht in die USA. 1941 konvertierte er zum Katholizismus. 1945 kam er nach Deutschland zurück, wo er teils wegen seiner Exilierung, teils wegen seines Katholizismus auf Ablehnung stieß und seine Arbeit keinen großen Erfolg mehr hatte.

Joseph Goebbels, 1897 in Reydt – 1945 in Berlin.
Während eher erfolgloser literarischer und journalistischer Bemühungen wandte er sich dem Nationalsozialismus zu. Seit November 1926 war er Gauleiter der NSDAP für Berlin und Brandenburg. Mit Radau, Straßen- und Saalschlachten, politischer Diffamierung, insbesondere gegenüber dem jüdischgläubigen Vizepolizeipräsidenten Bernhard Weiß mit dem Spitznamen Isidor, Prügelattacken auf ‚jüdisch' wirkende Menschen, und mit der Wochenzeitung Der Angriff trug er zum Erfolg der Nazis in Berlin bei. Dafür und wegen seiner bedingungslosen Treue, machte Hitler ihn zum Reichsminister für Volksaufklärung und Propaganda, als der er übermächtigen Einfluss auf die Kulturinstitutionen gewann und dann eine radikale Kriegspropaganda betrieb. Nach Hitlers Suizid brachte er sich um, wobei er Frau und Kinder mit in den Tod nahm.

Yvan Goll, eigtl. Isaac Lang, 1691 in Saint-Dié – 1950 bei Paris.
Zweisprachig aufgewachsen in Elsaß-Lothringen, wurde er 1912 in München zum Doktor der Philosophie promoviert. Als Pazifist floh er vorm Wehrdienst in die Schweiz. 1919 wurde er zu einer der führenden Figuren des französischen Surrealismus, während er zugleich ein signifikanter Vertreter des deutschen Expressionismus war.

Walter Hasenclever, 1890 in Aachen – 1940 in Les Milles.
Aus einer angesehenen jüdischen Familie stammend, studierte er Jura und war seit 1910 mit Lyrik und Drama einer der

prononciertesten Vertreter des Expressionismus. 1917 aus dem Kriegsdienst entlassen, war er in der Weimarer Republik mit Komödien sowie als Reiseschriftsteller und Drehbuchautor erfolgreich. Nach 1933 ging er nach Frankreich ins Exil, wo er mit Kriegsausbruch als ‚feindlicher Ausländer' interniert wurde und vor der anrückenden Wehrmacht Suizid beging.

Georg Hermann, eigtl. Georg Hermann Borchardt, 1871 in Berlin – 1943 in Auschwitz-Birkenau.
Aus einer angesehenen jüdischen Familie stammend, studierte er Kunstgeschichte und Philosophie in Berlin und begann früh literarisch-journalistisch zu wirken. Vor allem seine historischen Frauen-Romane aus dem jüdischen Milieu des Vormärz waren Bestseller. 1933 floh er nach Holland, von wo er von den deutschen Besatzern 1943 nach Auschwitz transportiert wurde.

Franz Hessel, 1880 in Stettin – 1941 in Sanary-sur-Mer.
Aus einer jüdischen Bankiers-Familie stammend, zog er nach dem Tod des Vaters mit der Mutter nach Berlin, studierte Jura und Orientalistik in München, wo er Teil der Bohème war und zu publizieren begann. Er lebte wechselnd in Paris und München, dann in Berlin und Paris. In der Weimarer Republik war er Lektor im Rowohlt Verlag und ständiger Mitarbeiter verschiedener Zeitschriften. Er blieb trotz Bedrohung bis 1938 in Deutschland, ehe es seinen Freunden gelang, ihn nach Paris zu holen, von wo aus er nach Sanary-sur-Mer zog. Bei Kriegsbeginn in Les Milles interniert, erlitt er dort einen Schlaganfall und starb kurz nach der Entlassung in Sanary-sur-Mer.

Fred Hildenbrandt, 1892 in Stuttgart – 1963 in Koblenz.
Nach dem Kriegsdienst wurde der ausgebildete Volksschullehrer Journalist in Frankfurt a. M. und war dann von 1922 bis 1932 Feuilletonchef beim Berliner Tageblatt. Bekannt durch seine Feuilletons, Reportagen und Kritiken, schrieb er zugleich zahlreiche eher kolportagehafte Romane verschiedenster Genres. Schon vor 1933 hatte er sich den Nationalsozialismus an-

genähert, seit 1933 schrieb er Propagandistisches, vor allem Kriegsbücher.

Arnold Höllriegel, eigtl. Richard Arnold Bermann, 1883 in Wien – 1939 in Saratoga Springs.
Aus einer jüdischen Familie stammend, studierte er in Wien Romanistik, promovierte und ging 1908 nach Berlin, wo er beim Scherl-Konzern arbeitete und zugleich unter dem Pseudonym Höllriegel für das Berliner Tageblatt schrieb. Während des Kriegs im Pressequartier in Wien, schrieb er weiter für die Berliner und Prager Presse. Seit 1923 ging er auf Weltreisen, von denen er im Feuilleton des Berliner Tageblatt und in Büchern berichtete. 1933 nahm er an der Almásy-Expedition in die lybische Wüste teil. Vom Berliner Tageblatt entlassen, lebte er in Österreich und ging nach dem Anschluß ans Reich 1938 in die USA ins Exil.

Hans Kafka, 1902 in Wien – 1974 in München.
Aus einer jüdischen Familie stammend, studierte er Medizin, dann Philosophie und Jura in Wien, veröffentlichte früh Lyrik, dann Reiseberichte und Skizzen im Berliner Tageblatt. 1925 ging er nach Berlin, war Film- und Theaterkritiker für B.Z. am Mittag und Tempo, schrieb Kriminalreportagen und für den Rundfunk. 1933 entlassen, ging er 1934 nach Wien zurück und von dort emigrierte er 1936 nach London und über Paris 1940 in die USA, wo er meist in Hollywood lebte. Dort arbeitete er für den Film und die deutsche Exil-Zeitschrift Aufbau. 1958 ging er als Korrespondent für Variety nach München.

Erich Kästner, 1899 in Dresden – 1974 in München.
Nach dem Kriegsdienst studierte er in Leipzig Germanistik. Noch vor seiner Promotion 1925 schrieb er regelmäßig für die Zeitung, danach in zahlreichen Publikationen Gedichte, Kritiken, Reportagen, Feuilletons, Erzählungen. Besonders bekannt wurde er mit seinen Gedichtbänden und 1931 mit dem Roman *Fabian*, der erst 2013 in seiner ursprünglichen Form als *Der*

Gang vor die Hunde publiziert wurde. Nach 1933 blieb er in Berlin und schrieb trotz offiziellen Publikationsverbots zahlreiche erfolgreiche Theaterstücke und Filmdrehbücher, u.a. zu *Münchhausen* (1943). Nach 1945 leitete er in München das Feuilleton der Neuen Zeitung und gab die Kinder-Zeitschrift Pinguin heraus. Daneben publizierte er weiter Literarisches und engagierte sich in pazifistischen Bewegungen.

Egon Erwin Kisch, 1885 in Prag – 1948 in Prag.
Er entstammt einer wohlhabenden jüdischen Familie, studierte in Prag u. a. Geschichte und Philosophie, absolvierte 1904 seinen Wehrdienst und begann, literarisch zu publizieren. Seit 1906 arbeitete er als Feuilletonist und Reporter für Prager Zeitungen und verkehrte in Bohèmekreisen. Bekannt wurde er mit seinem Bericht über die Aufdeckung des Skandals um den Spion Oberst Redl, worin er seinen eigenen Anteil bei der Investigation stark übertrieb. 1913 ging er zum Berliner Tageblatt nach Berlin. Im Krieg arbeitete er in Wien im Kriegspressequartier. Seit 1917 radikalisierte er sich zum bekennenden Kommunisten. Nach publizistischer Arbeit in Wien wechselte er 1921 nach Berlin, wo er mit Büchern von Reportagen aus aller Welt Karriere als ‚rasender Reporter' machte und einer der schillernden Stars der linken Szene war. 1933 verhaftet, gelang es ihm, nach Prag ausgewiesen zu werden, von wo er nach Paris ging, um sich im Sinne der Kommunistischen Internationale antifaschistisch zu engagieren. So besonders auch im Spanischen Bürgerkrieg. 1939 emigrierte er über die USA nach Mexiko und schrieb für die Exilzeitschrift Freies Deutschland. 1946 kehrte er nach Prag zurück.

Wolfgang Koeppen, 1906 in Greifswald – 1996 in München.
Besonders bekannt geworden mit seinen Romanen *Tauben im Gras* (1951), *Das Treibhaus* (1953) und *Tod in Rom* (1954) sowie folgend Reisebüchern, hat er nach verschiedenen Berufen und eine kurzen Zeit am Theater Würzburg seit 1931 journalistisch und literarisch für den Berliner Börsen-Courier gearbeitet.

Nach dessen Einstellung 1933 durch die Nazis veröffentlichte er zwei Romane, ging 1935 nach Den Haag, kehrte aber 1938 nach Deutschland zurück und arbeitete für den Film. Das Kriegsende erlebte er in der Nähe von München.

Siegfried Kracauer, 1889 in Frankfurt a. M. – 1966 in New York. Aus einer kleinbürgerlichen jüdischen Familie stammend, studierte er Architektur, worin er auch promoviert wurde. Nebenher hatte er Soziologie und Philosophie gehört, was seine journalistische Arbeit, seit 1921 für die Frankfurter Zeitung, prägen sollte, wo er, der mit den führenden Köpfen des Instituts für Sozialforschung befreundet war, zu einer das Feuilleton kritisch prägenden Figur wurde. 1930 ging er für die Frankfurter Zeitung nach Berlin, wo er neben vielem anderen Filmkritiken und seine Studie *Die Angestellten* (1929) veröffentlichte, die 1930 als Buch erschien. 1933 floh er nach Paris, wo er u. a. sein Buch über *Jaques Offenbach* (1938) schrieb. 1939 interniert, gelang ihm 1941 in die USA zu emigrieren. Dort wurde er zu einem führenden Filmsoziologen und -theoretiker, dessen einschlägige Schriften heute zu den Klassikern gehören.

Ruth Landshoff-Yorck, 1904 in (Berlin-)Schöneberg – 1966 in New York.
Aus jüdischem Bürgertum stammend, versuchte sie sich zunächst an einer Schauspielkarriere am Theater und beim Film, schrieb dann für Zeitschriften wie Die Dame, Tempo oder Querschnitt, veröffentlichte 1930 den Roman *Die Vielen und der Eine*. 1933 emigrierte sie über Frankreich, England, die Schweiz schließlich 1937 in die USA, wo sie als Publizistin, Theaterautorin und Übersetzerin lebte.

Heinrich Mann, 1871 in Lübeck – 1950 in Santa Monica.
Vor allem in München lebend, waren seine frühen Novellen und Romane stark von der französischen Literatur geprägt, für die er auch in seinen Essays warb. Bekannt wurde er zunächst mit der Trilogie *Die Göttinnen* (1903), *Die kleine Stadt* (1909)

und *Professor Unrat* (1905), dessen Verfilmung 1930 als *Der blaue Engel* ihm Weltruhm einbrachte. Der Roman *Der Untertan* (1914 als Zeitschriftenabdruck, 1918 als Buch) gilt als scharfe Satire des Kaiserreichs. In der Weimarer Republik war er vor allem essayistisch für Demokratie, deutsch-französische Verständigung und den Europagedanken tätig. 1926 wurde er Mitglied der Preußischen Akademie der Künste, 1931 deren Präsident. 1933 emigrierte er, den die Nazis umgehend ausbürgerten, nach Frankreich, wo er bis 1940 in Nizza wohnte, ehe er über Spanien in die USA emigrieren konnte. 1949 wurde er zum Präsidenten der Deutschen Akademie der Künste in Ost-Berlin gewählt, starb jedoch, bevor er das Amt antreten konnte.

Hans Ostwald, 1873 in Berlin – 1940 in Berlin.
Nach einer Lehre als Goldschmied 1893 arbeitslos geworden, vagabundierte er durch Deutschland, worüber er die Romane *Vagabonden* (1900), *Zwei Gesellen* (1904), das Lexikon *Rinnsteinsprache* (1906) und den Band *Landstreicher* (1906) schrieb. Seit 1904 gab er die Reihe *Großstadtdokumente* heraus, die bis 1908 51 Bände umfasste, zu denen er zahlreiche selbst beitrug. Diese Reihe mit Beiträgen unterschiedlicher Qualität gilt als Klassiker der deutschen Stadtsoziologie.

Alfred Polgar, eigtl. Alfred Polak, 1873 in Wien – 1955 in Zürich.
Als Sohn assimilierter Juden geboren, wurde er nach dem Besuch einer Handelsschule 1895 zunächst Gerichtsreporter, dann Redakteur im Feuilleton der Wiener Allgemeinen Zeitung. Er gehörte zur Stammgastclique des Café Central, schrieb zusammen mit Egon Friedell Parodien, und übersetzte Theaterstücke. Im Krieg arbeitete er im Pressequartier, schrieb aber zugleich für zahlreiche Zeitungen. 1921 übersiedelte er nach Berlin, schrieb vor allem für das Berliner Tageblatt und das Prager Tagblatt Feuilletons und Theaterkritiken, die ihn zu einem der renommiertesten Kritiker der Zeit machten. Seine Texte wurden regelmäßig gesammelt in Büchern veröffentlicht. 1933 floh er nach Prag, ging dann nach Wien, von dort 1938 nach Frankreich,

wo er beim deutschen Einmarsch 1940 über Spanien und Portugal in die USA entkommen konnte. Er war Drehbuchautor in Hollywood, nahm die amerikanische Staatsbürgerschaft an und übersiedelte 1943 nach New York, wo er u. a. für die Exilzeitschrift Aufbau und das Time Magazin schrieb. 1949 ging er nach Zürich, von wo aus er in deutschsprachigen Zeitungen publizierte.

Matheo Quinz – schrieb für Flechtheims Querschnitt. Mehr nicht zu ermitteln.

Herman Rössler, 1895 in Karlsbad – 1976 Montréal.
Autor u. a. von Kriminalromanen.

Joseph Roth, 1894 in Brody – 1939 in Paris.
Aus einer jüdischen Familie stammend, in prekärsten Verhältnissen aufgewachsen, studierte er seit 1914 in Wien Germanistik. Während seiner Teilnahme am Weltkrieg schrieb er für Zeitungen, wurde 1919 Redakteur von Der Neue Tag. 1920 ging er nach Berlin, wo er für verschiedenste Zeitungen, vor allem für den Berliner Börsen-Courier schrieb. Seit 1923 war er Mitarbeiter der Frankfurter Zeitung, für die er auf zahlreiche Reisen in Europa ging. Die Reise 1926 in die Sowjetunion nahm ihm seine bis dahin sozialistischen Illusionen. 1929 bis 1930 ging er zu den Münchner Neuesten Nachrichten, danach wieder zur Frankfurter Zeitung. 1933 emigrierte er nach Paris. Er hatte schon während der Weimarer Republik mehrere kürzere, insbesondere Zeitromane veröffentlicht, mit *Radetzkymarsch* (1932) und *Die Kapuzinergruft* (1938) wandte er sich der kuk-Vergangenheit zu.

Wilhelm Speyer, 1887 in Berlin – 1952 bei Basel.
Aus einer jüdischen Kaufmannsfamilie stammend, absolvierte er das Landerziehungsheim Haubinda und studierte danach Jura, während er bereits veröffentlichte. Nach Kriegsteilnahme schrieb er erfolgreiche Boulevardstücke und Romane, darunter

der Jugendroman *Der Kampf der Tertia* (1927) und den Bestseller *Charlott etwas verrückt* (1927). 1933 emigrierte er nach Österreich, 1938 nach Frankreich und 1941 in die USA, wo er als Drehbuchautor arbeitete. 1949 ging er in die Schweiz. 1947 hat er den bedeutenden Roman über das jüdische Bildungsbürgertum der Kaiserzeit *Das Glück der Andernachs* veröffentlicht.

Gabriele Tergit, eigtl. Elise Reifenberg, geb. Hirschmann, 1894 in Berlin – 1982 in London.
In eine jüdische Unternehmerfamilie geboren, studierte sie Geschichte und Philosophie in Berlin und wurde 1923 promoviert. Sie schrieb seit 1915 für das Berliner Tageblatt und Feuilletons für die Vossische Zeitung, dann Gerichtsreportagen für den Berliner Börsen-Courier. 1924 wurde sie als Gerichtsreporterin beim Berliner Tageblatt angestellt, schrieb nebenher zahlreiche Feuilletons und Porträts für verschiedene Zeitungen und Zeitschriften. 1931 erschien ihr Roman *Käsebier erobert den Kurfürstendamm*. 1933 musste sie vor den Nazis fliehen. Über die Tschechoslowakei ging sie nach Palästina, von dort 1938 nach London, wo sie 1957 Sekretärin des deutschsprachigen Auslands-P.E.N. wurde. 1951 erschien *Effingers*, ihr bedeutender Roman einer jüdischen Familie.

Topas – nicht auflösbares Pseudonym.

Bernard von Brentano, 1901 in Offenbach – 1964 in Wiesbaden.
Nach dem Philosophiestudium an verschiedenen Universitäten und ersten literarischen Arbeiten arbeitete er 1925 bis 1930 für die Frankfurter Zeitung in Berlin. Zu der Zeit stand er dem Kommunismus nahe und war Mitglied im Bund proletarisch-revolutionärer Schriftsteller. Zwei Reisen in die Sowjetunion ernüchterten ihn allerdings. 1933 emigrierte er in die Schweiz wo er für dortige Zeitungen schrieb. 1940 wandte er sich zeitweilig dem nationalsozialistischen Deutschland zu, und lebte weiterhin in der Schweiz, von wo aus er 1949 zurückkehrte.

Christa Winsloe, 1888 in Darmstadt – 1944 bei Cluny. Sie studierte Bildhauerei in München, wobei sie sich auf Tiere spezialisierte. 1924 begann sie für das Berliner Tageblatt, Vossische Zeitung, Querschnitt und Tempo zu schreiben. Ihre Erfahrungen in einem Mädcheninternat in Potsdam verarbeitete sie 1930 zu einem Bühnenstück, dessen Verfilmung unter dem Titel *Mädchen in Uniform* ein großer Erfolg wurde. Durch ihren Mann, von dem sie inzwischen geschieden war, war sie ungarische Staatsbürgerin. Sie ging nach Italien und dann in die USA. Dort war sie erfolgreich journalistisch tätig. Sie kehrte nach Europa zurück, wo sie mit ihrer Lebensgefährtin in Südfrankreich lebte. Umgezogen nach Cluny, wurde sie dort unter ungeklärten Umständen erschossen.

Der Herausgeber

Erhard Schütz, Jg. 1946, Univ.-Prof. a. D. für Neuere Deutsche Literatur an der Humboldt-Universität zu Berlin. Forschungsschwerpunkte: Geschichte der Literatur in der Weimarer Republik und im Nationalsozialismus, Geschichte Berlins in der Literatur, des Feuilletons, von Literatur und Journalismus, sowie des Sachbuchs. Veröffentlichungen u. a.: Romane der Weimarer Republik (1986), Mythos Reichsautobahn (1996, zus. m. Eckhard Gruber), Das BuchMarktBuch (2. Aufl. 2010, Hg.), Handbuch Nachkriegskultur (2. Aufl. 2016, zus. m. Elena Agazzi), Die Eleganz des Feuilletons (2017, hg. zus. m. Hildegard Kernmayer), Robert Walsers Wälder (2019, hg. zus, m. Sabine Eickenrodt), Mediendiktatur Nationalsozialismus (2019). Literaturkritiker, u. a. in Das Magazin, der Freitag, Der Tagesspiegel, Zeit online.

Die Jllustrationen

Die Abbildungen dieses Bandes stammen mehrheitlich aus P. Simmel: Skizzen und Witze. Unveröffentlichtes aus seinem künstlerischen Nachlaß, zusammengestellt von Karl Näthe und Herbert Reschke. Berlin (1953): Das Neue Berlin.

Paul Simmel, 1887 in Spandau geboren, im mecklenburgischen Ludwigslust aufgewachsen, arbeitete nach dem Kunststudium in Berlin, München und Paris als Karikaturist für die Berliner Illustrirte Zeitung, die Berliner Morgenpost, die Vossische Zeitung, den Ulk und die Lustigen Blätter. Er illustrierte zudem Dutzende Bücher. In zahlreichen Bänden gesammelt, erlebten seine Zeichnungen und Karikaturen hohe Auflagen. Nach schwerer Krankheit beging er 1933 in Berlin Suizid.

Quellennachweis

Die Texte wurden nach den jeweiligen Erstausgaben und in Abgleich mit den Werkausgaben editiert. Dabei wurden nur offensichtliche Druckfehler stillschweigend korrigiert.

1. Aufbruch – Ankunft

Yvan Goll: Sodom Berlin. Roman (1929). Berlin (1985): BEBUG mbH / Rotbuch, S. 19 f.

Georg Hermann: November Achtzehn. Roman (1930). Berlin (2000): Das Neue Berlin, S. 233 f.

Christa Winsloe: [Auszüge aus] Verrücktes Geld (1934). Nach Christa Winsloe: Auto-Biographie und andere Feuilletons. Herausgegeben von Doris Hermanns. Berlin (2016): AvivA, S. 186-196.

Max Barthel: Aufstieg der Begabten. Roman. Berlin (1929): Der Bücherkreis, S. 12-14, 16.

Ruth Landshoff-Yorck: Moderne Legende (1932). In: Das Mädchen mit wenig PS. Feuilletons aus den zwanziger Jahren. Herausgegeben von Walter Fähnders. Berlin (2015): AvivA, S. 52-56.

2. Liebes- und andere Erklärungen

Wilhelm Speyer: Charlott etwas verrückt. Roman. Berlin (1927): Ullstein, S. 53-56.

Gabriele Tergit: Liebeserklärung an diese Stadt (1927). In: Blüten der Zwanziger Jahre. Gerichtsreportagen und Feuilletons 1923-133. Herausgegeben von Jens Brüning, Berlin (1984): Rotation, S. 28-31.

Franz Hessel: Das andre Berlin. In: Kölnische Zeitung, v. 27.1.1929, Beilage.

Erich Kästner: Kleinstädtisches Berlin (1927). In: Gemischte Gefühle. Zürich (1989): © Atrium Verlag AG und Thomas Kästner.

3. Querdurch – Mittenmang

Alfred Polgar: Kurfürstendamm. In: Berliner Tageblatt, v. 1.1.1929

Joseph Roth: Der Kurfürstendamm. In: Münchner Neueste Nachrichten, v. 29.9.1929.

Gabriele Tergit: Viertelstunde Ewigkeit. In: Berliner Tageblatt, v. 4.8.1931.

Hans Kafka: Die Stadt im Sommer/Potsdamer Platz, abends. In: Berliner Tageblatt, v. 12.6.1928.

Linke Poot [d. i. Alfred Döblin]: Östlich um den Alexanderplatz (1923). In: Kleine Schriften, Bd. II. Solothurn (1985): Walter, S. 298-302.

Siegfried Kracauer: Der neue Alexanderplatz. In: Frankfurter Zeitung, v. 18.11.1932.

4. … bei der Arbeit

Egon Erwin Kisch: Berlin bei der Arbeit. In: Arbeiter-Illustrierte-Zeitung, Jg. 6, Nr. 25 v. 25.6.1927, S. 6 f.

Alfred Polgar: [Auszug aus] Beruf (1927). In. Alfred Polgar: Kleine Schriften, Bd. 2: Kreislauf. Herausgegeben von Marcel Reich-Ranicki. Reinbek (1983): Rowohlt, S. 296-298.

Matheo Quinz: Das Romanische Café (1926). In: Berlin im ‚Querschnitt'. Herausgegeben von Rolf-Dieter Baacke. Berlin (1990): Fannei & Walz, S. 59-62

Hans Ostwald: Fliegende Händler in Berlin (1933). In: Berlin im ‚Querschnitt'. Herausgegeben von Rolf-Dieter Baacke. Berlin (1990): Fannei & Walz, S. 158 f.
Gertrud Bückle: Droschkenschofföse in Berlin (1933). In: Berlin im ‚Querschnitt'. Herausgegeben von Rolf-Dieter Baacke. Berlin (1990): Fannei & Walz, S. 95-97.

5. ... und zum Vergnügen

Fred Hildenbrandt: [Auszug aus] Der Tanz im Varieté, im Kabarett und in der Revue (1928). In: Der Scheinwerfer. Ein Forum der Neuen Sachlichkeit 1927–1933. Herausgegeben von Erhard Schütz u. Jochen Vogt. Essen (1986): klartext, S. 271.
Alfred Polgar: Girls (1926). In: Alfred Polgar: Kleine Schriften, Bd. 2: Kreislauf. Herausgegeben von Marcel Reich-Ranicki. Reinbek (1983): Rowohlt, S. 247-250.
Heinrich Mann: Varieté im Norden (1932). In: Der Berliner zweifelt immer. Feuilletons von damals. Herausgegeben von Heinz Knobloch. Berlin (1977): Der Morgen, S. 476-480.
Ruth Landshoff-Yorck: Nachtklub am Lützowplatz (1930). In: Ruth Landshoff-Yorck: Das Mädchen mit wenig PS. Feuilletons aus den zwanziger Jahren. Herausgegeben von Walter Fähnders. Berlin (2015): AvivA, S. 132-134.
Bernard von Brentano: Berufsbälle (1928). In: Bernard von Brentano: Wo in Europa liegt Berlin? Bilder aus den zwanziger Jahren. Frankfurt am Main (1987): Suhrkamp, S. 34-36.
Gabriele Tergit: Das Haus der Vaterländer. In: Berliner Tageblatt, v. 4.9.1928.
Bernard von Brentano: Strand von Berlin (1928). In: Bernard von Brentano: Wo in Europa liegt Berlin? Bilder aus den zwanziger Jahren. Frankfurt am Main (1987): Suhrkamp, S. 109-112.
Topas: Wie vor 20 Jahren. Hochbetrieb in den Zelten. In: Berliner Börsen-Courier, v. 24.7.1932, Morgenausgabe.
Arnold Höllriegel: Himmelfahrt gratis. Berliner Rolltreppen. In: Berliner Tageblatt, v. 23.11.1929.
Erich Kästner: 6-Tage-Rennen (1924). In: Die Montagsgedichte. Zürich (2012): © Atrium Verlag AG und Thomas Kästner.
Alfred Polgar: Sechstagerennen (1929). In: Alfred Polgar: Kleine Schriften, Bd. 1: Musterung. Herausgegeben von Marcel Reich-

Ranicki. Reinbek (1982): Rowohlt, S. 396-398.
Ruth Landshoff-Yorck: Das neue Auto (1929). In: Ruth Landshoff-Yorck: Das Mädchen mit wenig PS. Feuilletons aus den zwanziger Jahren. Herausgegeben von Walter Fähnders. Berlin (2015): AvivA, S. 37 f.
Vicki Baum: Quartett unter der Verkehrsampel (1930). In: Vicki Baum: Makkaroni in der Dämmerung. Feuilletons. Herausgegeben von Veronika Hofeneder. Wien (2018): Edition Atelier, S. 196-199.
Walter Hasenclever: Tageskino (1928). In: Hier schreibt Berlin. Eine Anthologie. Herausgegeben von Herbert Günther (1929). Nachdruck der Erstausgabe Berlin: Fannei & Walz 1989, S. 277-279.
Wolfgang Koeppen: Berlin – zwei Schritte abseits. In: Berliner Börsen-Courier, v. 12.6.1932.

6. Abgesang

Joseph Goebbels: Rund um die Gedächtniskirche (1928). In: Joseph Goebbels: Das Buch Isidor. München (1929): Franz Eher, 2. Aufl., S. 133-135.
Erich Kästner: Der Gang vor die Hunde (1931). Zürich (2013): © Atrium Verlag AG und Thomas Kästner.
Herman Rössler: Hat Berlin existiert? In: Berliner Tageblatt, v. 22.8.1932.

Die Bände der Reihe

Gewalt und Rausch *
Berlin in der expressionistischen Prosa 1910–1920
hrsg. von Max K. Rügheimer

Glänzender Asphalt *
Eine Stadtrundfahrt durch Groß-Berlin 1920–1933
hrsg. von Erhard Schütz

Luftballons und Katakomben *
Berlin in der nichtnationalsozialistischen Prosa 1933–1945
hrsg. von Klaus Siebenhaar

Parvenüpolis und Schlaraffenland *
Geschichten aus der „feinen" Berliner Gesellschaft
hrsg. von Lucie Müller

Abschied und Wiederkehr **
Berlin in der Prosa des Exils
hrsg. von Hermann Haarmann

In Surreal-Welten. *Nachkriegsprosa**
hrsg. von Erhard Schütz

Kälte-Zonen **
Prosa der fünfziger und sechziger Jahre

Stadtindianer und Mauerspringer **
Erzählungen aus den Alternativwelten der Siebziger

Vor dem Fall und auf der Welle **
Geschichten aus den achtziger Jahren

Beats und Weltstadtphantasien **
Prosa des wiedervereinten Berlin

Neue Heimat **
Berlin-Erzählungen der Gegenwart

* erscheinen 2020
** erscheinen 2021

Berlin in Prosa

Eine kleine Bibliothek der Moderne und Gegenwart

... erzählt vom Charakter, dem Lebensgefühl, der Atmosphäre, den Menschen einer unerhört schnell gewachsenen, lange beispiellos modernen, dann geschundenen, zerstörten, geteilten, wiedervereinten, widersprüchlichen Weltstadt.

Anlässlich des 100. Stadtjubiläums von Groß-Berlin am 1. Oktober 2020 erscheinen die ersten drei Bände dieser ambitionierten mehrbändigen Geschichte des modernen Berlins in Prosatexten. Der historische Bogen wird von der wilhelminischen Epoche bis ins frühe 21. Jahrhundert gespannt. Ob Erzählung, Reportage, Feuilleton-Artikel, Essays oder poetische Miniaturen – Berlin in Prosa vermittelt tiefe, mal amüsante, mal melancholische oder herb-nüchterne Einblicke in Stadtcharakter, Stadtentwicklung und Alltag. Der Reigen von Autoren und Autorinnen vereint die prominenten ebenso wie die vergessenen Namen.

Gewalt und Rausch bildet den Auftakt mit literarischen Texten, die im Umfeld der legendären Zeitschrift „Die Aktion" entstanden sind: Carl Einsteins „Bebuquin oder die Dilettanten des Wunders" (1906/09), Georg Heyms „Der Irre" (1911), Alfred Lichtensteins „Café Klößchen" (1912) und Walter Rheiners „Kokain" (1918) erzählen in grellen, grotesken Bildern vom Leben im Dickicht der großen Stadt.

hrsg. von Max K. Rügheimer
mit Fotografien von Detlef Bluhm
ISBN 978-3-943132-07-6

Es gab sie: eine nichtnationalsozialistische Literatur, die sich gerade in den vielfältigsten Prosaformaten literarisch und publizistisch nach 1933 zu behaupten wusste. Die Berlin-Bilder, die höchst unterschiedliche Autoren und Autorinnen entwarfen, waren zumeist Alltagsbeobachtungen und -geschichten. Hinter der Fassade des Allgemein-Menschlichen und Heiter-Alltäglichen suchte man weltstädtischen Geist zu bewahren – ein hakenkreuzfreies Berlin, das die „Menschenfressergesichter“ (Felix Hartlaub) bewusst ausblendete. Dieses „Mnemopolis Berlin“ (Oda Schaefer), das sich allen Techniken des verdeckten Schreibens in finsteren Zeiten bedient, offenbart auch die literarische Kontinuität zwischen der Weimarer Republik und den Nachkriegsjahren.

Aus dem Inhalt
Prolog | Berliner Leben: Orte, Straßen, Lokalitäten | Menschen in Berlin: Begegnungen und Ereignisse | Allerlei Gedanken | Epilog | Nachwort

Mit Texten von
Peter Bamm | Werner Benndorf | Karl Friedrich Borée | Werner Finck | Wilmont Haacke | Felix Hartlaub | Hans Huffzky | Mascha Kaléko | Martin Kessel | Walther Kiaulehn | Wolfgang Koeppen | Siegfried Kracauer | Friedo Lampe | Horst Lange | Friedrich Luft | Ilse Molzahn | Ernst Penzoldt | Sigismund von Radecki | Erik Reger | H. G. Rexroth | Hedwig Rohde | August Scholtis | Karl Valentin | Wolfgang Weyrauch

hrsg. von Klaus Siebenhaar
mit Fotografien von Detlef Bluhm
ISBN 978-3-943132-91-5

www.siebenhaar-verlag.de